中公新書 2737

五十嵐 彰
迫田さやか 著

不 倫——実証分析が示す全貌

中央公論新社刊

まえがき

現代の日本社会は不倫への関心に満ちている。連日のようにメディアは政治家や芸能人の不倫を報道しており、世間の興味も根強いようだ。[*1] 政治家や芸能人といった有名人だけでなく、身近な友人や職場の同僚の不倫について噂《うわさ》を聞いたこともあるだろう。ある統計によれば、およそ3割程度の既婚者が不倫、つまり配偶者以外とのセックスを経験したことがあるという。

身近にある不倫だが、私たちは不倫の何を知っているのだろうか。芸能人の不倫は毎月のようにワイドショーで扱われるし、書店に行けば不倫を扱った書籍は簡単に見つかる。インターネット上には不倫について言及した記事が山ほどあるし、本書の読者の中にはこうした文章を読んだことがある人もいるに違いない。しかしながら、これらの情報は個人の経験や俗説、噂に基づいているものがほとんどだといっていいだろう。俗説や噂に基づいた情報は、もしかすると当事者をいたずらに傷つけたり、問題を解決するために誤った行動を選択させているかもしれない。

よくいわれる俗説や噂を挙げてみよう。例えば、「子はかすがい」といわれる。子どもの存在が夫婦関係を良好に保ってくれることを、木材をつなぐ釘《くぎ》にたとえた表現で、これが正しいとすれば子どもがいる家庭は不倫をしないということになる。こうした俗説が流布することによって、不倫をした親をもつ子どもは、自身が夫婦関係を良好に保てなかったと必要以上に責任を感じてしまうかもしれない。そもそも、子どもがいる人は子どもがいない人に比べて、本当に不倫をしにくいのだろうか。

あるいは、「結婚前に異性と派手に遊んだ人ほど結婚後は不倫に走らず、そうした経験がないと、むしろ結婚後に遊ぶようになる」という意見を聞いたことのある読者もいるだろう。この理論を信じ、結婚相手として過去に派手に遊んでいた人を選んだとして、その彼／彼女は結婚後にほんとうに不倫をしないのだろうか。こうした問いに対し、個人の経験だけではなかなか答えを出せない。子どもがいる友人が不倫をしていたり、自分の不倫相手には子どもがいなかったりと個人の経験は様々であり、また観測範囲も限られる。

本書では体験ベースの知識から脱却し、学問の対象として不倫を扱うことにより、不倫という現象に対し、より体系立った検討を加えたい。本書が今までの不倫本と一線を画する点は、実際に集められたデータをもとに分析を行い、不倫の全体的な傾向を摑《つか》むことにある。

データをもとに不倫の実態を明らかにすることで、不倫との向き合い方や対処法を考えるきっかけにしたい。

本書では、2020年にインターネット調査で収集された6651人の日本人既婚者をもとに、なぜ人は不倫をするのか、どこでどのように不倫相手と出会い、どのように別れるのか、そしてなぜ人は不倫をしている人を叩《たた》くのか、を統計的に分析する。データに基づいた統計調査や実験を使った分析結果を多く提示するが、その都度嚙《か》み砕いて説明したい。なおここで注意しなければならないのは、本書の分析の結果、ある特徴をもつ人が不倫をしやすいことがわかったからといって、そうした特徴をもっている人がすべて不倫をするわけではないということだ。全体の傾向を把握するための分析と思って読んでもらいたい。

本書は以下のような構成となっている。第1章では不倫について概観する。法律から見た不倫、不倫の扱われ方の変遷、不倫という言葉そのものについて、そして学術的な不倫の位置づけだ。不倫とはそもそも何かを共有した上で、一般的にどのように不倫が捉えられてきたかを示し、そして簡単に国内外の不倫に関する研究を紹介する。

第2章からは実際に集めたデータを分析する。第2章では日本で不倫をしている人の割合を検討してみよう。一般的に不倫をしているとは正直に回答しづらいが、実験手法を活用することにより、可能な限り本来の割合を導こうと思う。

第3章は誰が不倫をするのかを検討する。どういった特徴をもっていれば不倫をしやすくなるのか、特に機会、価値観、夫婦関係の観点から分析してみよう。収入が高ければ不倫をするのか、仮にそうだとすればそれはなぜなのか。配偶者との生活に不満を抱いたから不倫をするのか、そして子どもや過去の浮気経験の有無と不倫の関連はどうなっているのか、といった問いに答えることになる。

第4章では不倫をした人に限定して分析を試みる。どこで不倫相手と出会ったのか、不倫相手はどんな人が多いのか（同性との不倫もありうる）、配偶者と不倫相手はどのように異なっているのかなどを明らかにしよう。

第5章では、どのように不倫が終わるかを研究する。どの程度の期間不倫が続いているのか、そして不倫はどのように終わるのかを分析する。さらに不倫が家族関係に対してもたらす影響についても、過去の研究を参照することで示したい。

第6章では、先の3章と異なり、不倫を観察する側の反応を研究する。芸能人や政治家の不倫報道は毎月のようにメディアを騒がせるが、不倫をした人に対する反応は種々様々である。なぜこのような反応の違いが出てくるのか。特に誰が誰を非難するのか、この問いを実験手法を使って検証する。

目次

不倫

——実証分析が示す全貌

第1章　不倫とは何か

本章ではまず「不倫とは何か」について、「法律」「歴史」「言葉」「社会科学」の4つの見地から多角的に迫る。まずは現代の法制度が不倫をどう扱っているか概観する。次に歴史から見た不倫について、特に明治以降の姦通罪《かんつう》とそれが廃止される経緯に注目する。3つ目は「不倫」という言葉がどのように変遷してきたかを見よう。最後に、不倫を社会学における近代家族と経済学におけるサーチ理論・不確実性の観点から学術的に位置づける。

1　不貞行為をめぐる法律

なぜ「一線は越えていません」というのか

不倫疑惑をかけられた多くの政治家や芸能人らが「一線は越えていません」と釈明するのは、なぜだろうか。これは日本において、夫婦の間には貞操《ていそう》義務がある、すなわち、婚姻《こんいん》中に配偶者以外と性交渉をしてはならないと考えられているためではないだろうか。

ただし民法には貞操義務が明文化された条項はない。民法752条に、夫婦に課せられる法律上の義務が定められており、「夫婦は同居し、互いに協力し扶助しなければならない」として、①同居義務[*1]、②協力義務、③扶助義務が明記してある。もちろん、この3つの義務さえ果たせば、後はどうでも良いわけではない。配偶者以外の異性と性交渉をしないことは、夫婦であり続ける義務の根幹を成す条件だと考えられている。

日本における離婚には、協議離婚、調停離婚、審判離婚、そして裁判（判決）離婚の4種類が存在する。それぞれを簡単に説明しよう。日本では、婚姻関係を解消する夫婦の約90%が協議離婚の形をとっている。この協議離婚では、夫婦で離婚の意思を確認し、役所に離婚届を提出する。

だが、お互いに離婚したいと思っている夫婦ばかりではないだろう。片方は離婚を望むものの、もう一方は望まないことも多い。協議離婚が成立しない場合に、次の方法として調停離婚がある。家庭裁判所に介入してもらい調停調書に記載される取り決めによって離婚を成立させる。調停離婚でも解決しない場合には審判離婚といって家庭裁判所が職権で離婚を認める方法がある（ただし、実務上ではあまり利用されていない）。そして一定の理由が存在する場合には、相手が離婚したくないといっても離婚を成立させる場合がある。これが裁判（判決）離婚である。

裁判で離婚が認められる理由5つは、民法770条で定められている。①不貞行為、②「生活費を渡さない」「正当な理由のない別居」「健康なのに働こうとしない」などの「悪意の遺棄」、③3年以上の生死不明、④強度の精神病、そして⑤婚姻を継続し難い重大な事由、である。これらの理由があれば、裁判所に介入してもらって離婚請求ができる。そして裁判で離婚が認められる理由に挙げられていることから考えても、不貞行為は夫婦の関係を破綻《はたん》させる代表的なものとされている。

読者の中には、結婚するときにそんな説明は受けた覚えはないという人もいるかもしれない。ただ、日本の結婚制度は一夫一妻制であることは誰でも知っており、その本質を考えてみれば、配偶者以外と性交渉をしてはならないという前提は共有されているというべきだろう。

冒頭で触れたように、不倫の疑惑をかけられた人々が「一線を越えていない」と述べるのは、夫婦関係の暗黙の前提である貞操義務を犯していないと主張したいからかもしれない。貞操義務に反したことが明らかになれば、配偶者から離婚を突き付けられたり、慰謝料を請求されたりする理由になるからだ。

判決に見る不貞行為の基準

では、配偶者がいる者たちの「一線」とは、貞操義務の「貞操」とは何か。ここまで性交渉を前提として話を進めてきたが、若いカップルは「ほかの子と2人でご飯に行ったら浮気」など、独自に浮気の基準を設けることがある。性交渉ばかりを特別視することに疑問を感じる人もいるかもしれない。

大学生を対象に、「自分の恋人がどのような行動をとったら浮気と判断するか」を分析した研究[*2]が複数なされてきた。それらによれば、研究によってばらつきがあるものの、キスや性交渉のほかに、「異性との2人きりの旅行」が浮気になると考える人が8割以上いる。[*3]また身体的な接触という意味では、異性と手をつないだり腕を組んだりすることが、性交渉と同じような行為として認識されているようである。[*4]これらはあくまで恋人関係に関する議論であり、婚姻関係にそのまま当てはめることはできないものの、性交渉以外の異性との関係も浮気として考えられているのは興味深い。

それでは、日本の法律や裁判例では、不倫をどのように捉えているのだろうか。以下の節で見るように、そもそも不倫はあくまで俗語であり、離婚事由となる根拠を示した民法770条第1項第1号には、先述したように、「不貞行為」という言葉が使われている。この不貞行為について、一般的な理解では、異性との性行為、すなわちセックスすることであると思われているが、法律では、セックスのみが不貞行為になるわけではない。民法には、慰謝料をはじめとする様々な損害賠償（不法行為）について定めた規定（709条）がある。配偶者のある者が、自由な意思に基づいて配偶者以外の異性と性的関係をもつ場合について、裁判例をまとめた研究では、「①性交又は性交類似行為、②同棲《どうせい》、③上記のほか、Xの立場に置かれた通常人を基準として、X・A間の婚姻を破綻に至らせる蓋然性《がいぜんせい》のある異性との交流・接触」を不貞行為としている。[*5] ①は要するにいわゆる不倫であり、本書の対象となる行為である。②も同様に、性交を想起させるものとして捉えられるだろう。

一方、③は、性交などがなくても、婚姻関係を破綻させるような男女の関係をもって不貞行為と呼んでいる。本書の対象外となるような行為であるものの、裁判例ではこれも不貞行為としてみなされることがある。例えば比較的高価なプレゼントを交換し合ったり、日帰り旅行に行ったりする関係などである。[*6] また、肉体関係がなかったとしても、第三者が、既婚者と結婚したいから、その配偶者に離婚を求めるといった行為も含んでいる。[*7]

不貞行為の具体例

それでは本書の対象となる「①性交又は性交類似行為」を考えてみよう。どういった場合に性交や性交に類似した行為が、不貞行為とされるのだろうか。前述のとおり、性交と不貞行為は同一のものではなく、配偶者以外との性交渉が不貞行為とみなされない場合もある。

いつ、誰と、どこで、どのように、といった不貞の実態を概観してみよう。

まず、「いつ」について考える。慰謝料を支払うなど、不貞を行った者に厳しい措置がとられるのは、「婚姻共同生活の平和の維持という権利又は法的保護に値する利益」[*8]があるためだ。裏を返せば、婚姻生活の構成要素である同居や協力、扶助がない――具体的には、不倫の前から夫婦仲が冷えていて、共同生活をしていないようなときには、不倫によって家庭の平和という法益（法律によって保護される利益）が侵害されたわけではないので、不法行為が成立しない。

次に「誰と」について考える。とりわけ、性的なサービスを行う風俗店通いを不貞とみなせるのかは気になる点であろう。日本では、風俗店での「本番」すなわち性行為＝セックスは禁止されている。風俗営業の業務サービスとして提供されているのは、厳密にはセックスとはいえない口淫《こういん》や手淫《しゅいん》である。しかし、口淫や手淫であったとしても、「婚姻共同生活の平和」は侵害される危険性がある。[*9] そのため、夫が風俗営業で口淫や手淫のサービスを受けた場合、夫に対する妻の慰謝料請求（民法７０９条）は肯定される可能性がある。では、夫が風俗営業で口淫や手淫のサービスを受けた場合、「配偶者に不貞な行為があった」（民法７７０条第１項第１号）といえるか。ややこしい話だが、現在の実務上、風俗営業で口淫や手淫のサービスを受けたという事実だけでは、直ちに「配偶者に不貞な行為があった」とはいえず、離婚は認められないという見解が強い。しかし、仮に風俗店で性行為がなされたとしたら、それは、業務サービス以外の自由意思に基づくものとみなされる可能性がある。実際に、妻が風俗嬢を訴えた事例では、風俗店舗内で肉体関係をもった点については「婚姻共同生活の平和」を侵害しないが、風俗店外で行った性行為については「婚姻共同生活の平和」を侵害したと認めた。[*10]

すると、「どこで」という要素も絡んでくることがわかる。性行為がなかったとしても、会っている場所がラブホテルなどであれば、「婚姻共同生活の平和の維持」を侵害したとして慰謝料請求が認められることもある。異性と２人きりでラブホテルに行ったが、マッサージしかしていない、という抗弁が認められなかった裁判例がある。[*11] 性行為の実際の有無は別にして、異性と2人きりで密室に入った時点で不貞行為と認定される場合もあるだろう。ただし、より最近の裁判例では、ラブホテルで会っていたにもかかわらず、LINEの通信記録をもとに、性交渉がなかったとして不貞行為と認定されなかったものもある。*12

相手の性別もしばしば焦点となる。従来、民法では、同性同士の性行為を不貞行為とはみなさなかった。たしかに1972年の裁判例では、配偶者が同性と性行為をしていることから離婚を請求し、離婚が認められている。*13ただし、これは、同性間の性行為が不貞にあたる(民法第770条第1項第1号)から離婚が認められたわけではなく、第5号「その他婚姻を継続し難い重大な事由があるとき」が適用されたと考えられている。この事例では、「自分が同性愛者であるという重要な情報を、夫が打ち明けてくれなかったから、結婚生活を続けられない」という趣旨である。

ただ近年では、こうした考え方は変わってきている。名古屋地裁の2017年9月15日判決では、「同性間の肉体関係が不貞行為に該当するかはともかくとしても(中略)婚姻関係における平穏を害し、婚姻関係を破たんさせる原因となる行為であることは明らかであるから、同性の者であっても既婚者であることを知りながら肉体関係を有することは、社会的相当性を逸脱した違法な行為であって不法行為と評価すべきである」としている。この他にも、同性間の肉体関係も不貞行為にあたるとする裁判例が登場している。*14

また、事実婚の同性カップルが、パートナーの不貞行為によって破局したことについて、元パートナーに損害賠償請求をした裁判例を紹介しよう。これまでの慣例から考えれば、同性の事実婚カップルは法的保護の恩恵を受けられなくてもおかしくなかった。しかし2020年3月4日の東京高裁判決では、「同性同士でも、婚姻に準ずる関係から生じる法律上保護される利益を有する」として、同性同士の事実婚に法的な保護を認めた。この判決はその後2021年3月の最高裁で確定した。

次に「どのように」だが、裁判上で不貞が認められるときは結果として、「特定の相手と不貞行為を繰り返すこと」、すなわち特定の相手との複数回以上の性行為が理由とされることが多い。配偶者以外の相手と性行為があれば、一度きりでもそれは不貞である。ただ、予期していない一度きりの不倫の証拠を、不倫をされた配偶者が摑むことは至難だろう。継続的に不倫がなされて、いつもと様子が違うといった変化に気づいてから、一般に証拠を探す場合が多いと考えられる。

慰謝料の分析

最後に、慰謝料に関して記述しよう。日本では不貞をした配偶者と不貞相手の双方を訴えることができる。大塚正之《おおつかまさゆき》は『不貞行為に関する裁判例の分析』で、2015年10月から2

016年9月、2016年12月から2019年2月の東京地裁において判決が言い渡された不貞行為慰謝料に関する150件の裁判例を集め、分類した。[*15] そのうち、不貞をした配偶者とその相手方の双方を訴えたケースは14件、不貞をした配偶者のみを訴えたケースは17件だった。そして不貞行為の相手方のみを訴えたケースは最も多く、119件であった。無論東京地裁のみをサンプルとした件数であるため一般化は慎重にすべきであるものの、不貞行為の相手方のみが訴えられるケースが非常に多いことがわかるだろう。ただし、不貞行為をした相手方を訴えるというケースは、他国において必ずしも一般的ではない。ドイツ、フランス、イギリス、そしてアメリカの9割近くの州では、不貞行為の相手方に対する損害賠償請求を否定ないし制限している。[*16]

大塚の集めたデータによれば、慰謝料が認められた場合の認容額の最低金額が30万円、最大が300万円で、平均値が162万円、最頻値（最も多い値）は200万円だった。ここでどういったケースで慰謝料が高くなるのかを見てみよう。大塚は自身が集めた裁判例に関するデータを、弁護士の有無や不貞行為そのものが婚姻を破綻させた度合い、扶養を受ける子どもの有無などの観点から整理し、どういった不貞行為であれば慰謝料が高くなるかを検討した。

より詳しく見るため、筆者らは大塚が扱っているデータを電子化し、再分析を行った。[*17] 結果、不貞行為が悪質であったり（例えば配偶者を家から追い出したり、生活費を渡さなかったりなど）、不貞行為によって婚姻状態が破壊されたりした場合には、慰謝料が高くなる。これは訴える相手が不貞をした配偶者であっても、不貞相手であっても同様のようだ。他方で、扶養を受けている子どもの有無や、結婚年数、不貞年数は慰謝料の高さに関連がなかった。繰り返すがあくまでこれは限られたケースの分析であるため一般化はしにくいが、示唆《しさ》的な結果といえるだろう。

以上、極めて簡単ではあるが、不貞行為をめぐる法律的な対応を眺めた。現代の不倫に関する制度について、大枠を摑んでもらえたのではないかと思う。

2　姦通罪の変遷

次に、日本の「不倫」をとりまく歴史的な経緯に迫ろう。とりわけ明治刑法で定められていた「姦通」をめぐる変遷に注目する。

戦前においては、婚外性交渉は「不貞」ではなく「姦通」と呼ばれていた。現代の「不倫」「不貞」と大きく違うところは、姦通が刑法上の犯罪（姦通罪）であり、そしてそれが女性にしか適用されていなかったという事実だろう。戦前の男女不平等の象徴として、姦通罪は挙げられることが多い。この節ではその実態と変遷について述べよう。

男女不平等の象徴として

明治刑法では、夫婦の婚外性交渉は姦通罪として、2年以下の懲役という刑事裁判の対象となっていた。これは妻とその姦通相手を裁くものであり、他方で夫が姦通した場合には（夫のある女性と姦通しなければ）お咎《とが》めはないという極めて性差別的な法律であった。これに加え、旧民法では妻の姦通はいかなる場合でも離婚の原因となるのに対し、夫の姦通は（夫のある女性と姦通し、刑罰を課されない限り）離婚の原因とはされなかった。

このような男女間の差別を合理的とした理由として、①妻の姦通のほうが夫婦の「共同生活に与える影響が大きく、一般社会においても、夫の姦通に対しては寛大であること」、②妻の姦通の場合には、夫が「妻と第三者との間の子を自己の嫡出子として受け入れる「不幸」が起こり得ること」、そして③「妻の姦通の場合には、もはや夫に対する愛情を失っているのが通例で、これに対して、夫の姦通の場合には、一時の気の迷いによって不貞の相手方に愛情を移すことがあっても、本心に立ち返り、妻への愛情を回復することは少なくない」からだとされていた。[*18] また、民法（1890年）や明治民法（1898年）制定時には、民間で蓄妾《ちくしょう》（妾《めかけ》をもつこと）が蔓延《まんえん》しており、仮に蓄妾を離婚理由として認めてしまうと、社会の秩序を保てなくなるという議論が展開されていたようである。

また「相姦者の婚姻の禁止」として、不貞で離婚した者とその不貞相手とが結婚することも許されていなかった。これは仮に姦通をした者同士の結婚を許すと、姦通を禁止する意味がなくなり、また配偶者以外との婚姻を求めて、離婚をするために姦通するものが現れるからだとされている。[19] この制度は男女ともに適応されていたが、男女ともに姦通罪が適用された場合に限られていた。つまり、女性は姦通罪によって本人が裁かれた場合にその不貞相手と結婚できないのに対し、男性の場合は不貞相手が姦通罪によって裁かれた場合、つまり不貞相手が既婚者である場合に限り、その相手と結婚できないことを意味する。男性は、不貞相手が未婚女性であれば結婚できたのだ。

ただし実際には、姦通罪によって裁かれる女性は少なかった（最も多い年で1898年の185件、女性による犯罪の1・3％程度）。[20] その理由の一つとして、姦通罪が親告罪であったことが挙げられる。まずは夫が姦通した妻と離婚をし、それからその元妻を訴えるというプロセスを踏まなければならない。よほどの執念や復讐心《ふくしゅうしん》がないと、そこまでのことはしなかったのだろう。[21]

男女不平等の象徴のような姦通罪であるが、こうした状況は明治後期以降には改善されていき、大正時代には夫も妻に対する貞操義務があるという判決が出ている。[22] この判決では、妻にも慰謝料請求権があるとされており、男女不公正な立法を慰謝料を通して是正する動きが見られていた。

廃止をめぐる議論

第二次世界大戦の終戦直後、姦通罪、離婚原因の性差、相姦者の婚姻の禁止の3点はすべて廃止された。姦通罪廃止の経緯を語る際に、しばしば男女平等のためと説明されることが多いが、当時の国会の議論を見ると、そこまで単純な話ではなかった。「男女平等の実現が目的であれば、男女双方を罰すれば良い」という意見が出てきたからである。

当時の国会では、姦通罪存続派と廃止派が激論を戦わせていた。姦通罪存続派は、廃止することによって、姦通は法律上容認された行為だという誤ったメッセージを発することになり、社会秩序の崩壊を招きかねないと危惧《きぐ》していた。[*23] 刑法によって姦通を禁止することで、懲罰の対象になりうる行為だと広く知らしめることが、姦通罪を残存させる目的であった。存続派の議員は、男女問わず有配偶者の婚外性交渉を禁止すること、そして従来科されていた2年以下の懲役刑を3ヶ月以下の懲役又は5000円以下の罰金（現在の10万円程度）[*24]に緩めるという修正案を提出している。[*25]

姦通罪存続派の主張である、「男女平等な姦通罪による社会秩序の維持」という論点に対し、姦通罪廃止派は、個人の自律をもって社会秩序を維持すべきという論を展開した。当時の国会では、男女平等に関する議論はもちろん行われていたものの、むしろ性道徳・性規範は刑法によって形成されるべきか、それとも個人の自律によって形成されるべきかという議論が広く展開されていたといえるだろう。

国会会期中に姦通罪廃止の賛否を一般に広く問うているが、国会に意見を寄せた138名中、廃止賛成派は43名、廃止反対派は91名（不明は4名）であり、姦通罪の廃止に反対する声のほうが強かった[*26]（ただし意見を寄せたのはほぼ男性だけであった）。

それでも最終的には姦通罪修正案の棄却と姦通罪の廃止が決定されることとなった。参議院において、姦通罪修正案（すなわち男女ともに罰則を科す）をめぐる投票が行われ、姦通罪存続（修正案支持）は66票、対して廃止は74票という僅差で姦通罪は廃止された。[*27]

姦通罪廃止の背景には、罰に基づかずに、個人の自律をもって道徳を推し進めるという意図があったといえるだろう。[*28]第2章や第6章で見るように、現代では不倫は規範に反するものとして認識されるようになっており、姦通罪廃止時点の意図はある程度達成されたといってていいだろう。一方で、（法規範に則《のっと》らない）行動規範があるにもかかわらず不倫を行うという現代の状況は、姦通罪が廃止された戦後から始まったともいえるだろう。

3　言葉から見た「不倫」

不義密通から「よろめき」へ

このように、法律が変わり、時代背景が変わっていけば、私たちの規範も呼応する。言葉も私たちの規範を映す鏡の一つだろう。

江戸時代には、婚姻相手以外との性交渉を総じて「不義密通」と呼んでいたが、[*29] その後姦通と名前を変え、[*30] およそ20世紀中頃まで使われていた。1950年代には不倫を扱った小説や劇は「姦通もの」と呼ばれていたが、その後変化が生じる。

1957年に発表された三島由紀夫《みしまゆきお》の『美徳のよろめき』が映画化もされるベストセラーとなってからは、女性の婚外性交渉を指すために「よろめき」という言葉が使われるようになった。[*31]「よろめき夫人」「よろめきマダム」「よろめき族」「よろめきドラマ」「よろめき文学」「よろめき小説」などの語が生まれたり、『童貞社員とよろめき夫人』という映画が1958年に封切られたりといった様相である。こうした言葉の流行の背景には、「戦後の性の解放と、不貞を物につまずきよろめく程度の軽い行為とした」ところに理由があるとされている。[*32]

このように、婚外性交渉を指す言葉は時代によって様々である。現在は不倫という言葉が最も普及していると思われるが、現在の用法に定着するまで「不倫」はどのような意味で使われてきたのか、そしていつごろ現在の意味に定着したのだろうか。

「不倫」という言葉の変遷

現在の用法が定着するまで、「不倫」という言葉は実に多義的に用いられてきた。おそらく最初に辞書に登場したのは1892年から93年に編纂された『日本大辞書』で、ここでは「漢語。スベテ、道理ニ外レタコト」とある。以降の辞書も（『大日本国語辞典』など掲載語の多い大規模なものも含めて）おおよそ同じような意味で定義していた。不倫を「子の不孝又は親の不慈」と定義している文献もある[*33]ように、性的関係にとどまらず、字のごとく倫理・人倫に反するもの一般を指す語だったようだ。

こうした倫理・人倫に反するものという用法での使用例として、菊池寛《きくちかん》の『真珠夫人』（1920）では、弱みを握った相手に対する求婚を「不倫な求婚」と表現している。ほかに興味深い文章として、「不倫」相手と家出をした妻を「不貞な妻、不倫な母」と称するものがあり、「不倫」という言葉を子どもにとっての倫理に反するという意味で用いる場合もあったようだ。[*34]またここでは現代的な意味での「不倫」を「不貞」と表しているが、これは先述のように現代の法律用語と同義である。

性的関係に不倫という言葉が用いられた例もあるが、その用法は多義的であり、例えば一夫多妻制[*35]、義兄との恋[*36]、従姉妹《いとこ》との結婚[*37]、妹への性愛[*38]などを指して、「不倫」という言葉を用いていた。もちろん配偶者以外との性交渉を意味する言葉としても用いられていたが[*39]、現代のように意味が統一されていたわけではなさそうである。人倫から外れているような性的関係を不倫と総称していたというのが実情のようだ。

ところで、氏家幹人《うじいえみきと》は『江戸の性風俗』で、不倫という言葉の定義として、「相応《ふさわ》しくない、不適切」という意味であったと主張している[*40]。例えば徳富蘆花《とくとみろか》が、お手伝いの女性を「親切な心で細かだと鬼にカナ棒」と評価したのに対し、夫人が「譬喩《ひゆ》の不倫を苦笑」したという。たしかにこれは人倫に反するなどというほど大げさなものではない。ほかには、柳田國男《やなぎたくにお》は『海上の道』（1961）で「人と椰子《やし》の実とを一つに見ようとすることはもとより不倫な話に相違ない」と述べているが、これも「相応しくない」という意味に解するのが自然だろう。ただ、氏家はこの用法が一般的であったとし、諸橋轍次《もろはしてつじ》の『大漢和辞典』を引いているものの、同時代のほかの辞書にはこの用法の記載はない。性的関係を含む道に外れるという意味での不倫と、不適切、不相応という意味の不倫とが併存していたと考えるのが自然ではないかと思われる。

最後に、日本を代表する辞書である『広辞苑』における定義の変遷を見ておこう。1955年に発刊された第一版では「人倫にはずれること。人道にそむくこと。」とある。ここでも他の辞書と同様、性的関係に限定した用法とはいえない。以降の版から現在に至るまでこの基本的な定義を引き継いでいるが、情報が少しずつ加えられている。1983年の第三版から1998年の第五版までは、この定義に加えて「(不倫)の愛」という使用例が付け加えられている。ここから、性的関係を指す言葉として認識され始めたといえるだろう。その後2008年の第六版では定義に「特に、男女の関係について言う。」という一文が加わり、2018年の第七版ではこれが「特に、近年では男女の婚姻外の関係について言う。」という文言に置き換わっている（第4章で詳述するように、不倫は必ずしも〝男女〟のみを表すわけでないことには注意したい）。

このように、不倫という言葉は明治から（もしくはもっと前から）存在していたが、その意味は必ずしも一貫しておらず、性的なものか否かにかかわらず「不適切」という意味だったり、性的なものだったりしても婚外性交渉のみを指すものではなかった。しかし、現在ではおそらく「不倫」は婚外性交渉を限定的に指す言葉として広く認知されていることだろう。では、いつごろからその用法が一般的になったのだろうか。

急増そして定着

現代の用法である「不倫」が定着し始めるのは比較的最近、1980年代から90年代にかけての出来事であった。亀山早苗《かめやまさなえ》は『人はなぜ不倫をするのか』で1983年に放送された『金曜日の妻たちへ』というテレビドラマにおいてはじめて、既婚者の恋愛を指す言葉として「不倫」が使われたと言及している。[*41]『金曜日の妻たちへ』は東京郊外の新興住宅に住む3組の夫婦とその不倫相手を中心とした人間ドラマであり、1983年の放送後、続編が1984年、1985年に放送されている。

無論『金曜日の妻たちへ』で不倫という言葉が既婚者の恋愛を指す言葉として「はじめて使われた」というのは言い過ぎで、すでに示したようにそれまでは用法が統一されていなかったというべきだが、ともあれ不倫という言葉の普及におけるメディアの影響力は無視できないものがあるだろう。[*42]不倫という言葉がいつごろから普及し始めたか、雑誌における利用の推移をもとに検討してみよう。

ここでは雑誌の記事タイトルにおける「不倫」とその他の婚外性交渉を意味する言葉の使用頻度の変遷を見てみよう。データと結果は米田秀司《よねだしゅうじ》（現東京大学大学院学際情報学府所属）の卒業論文[*43]から引用する。雑誌記事索引データベースである大宅壮一《おおやそういち》文庫を用い、婚外性交渉に該当する言葉を使った記事タイトル件数を取得し、年ごとの推移として表した。こ

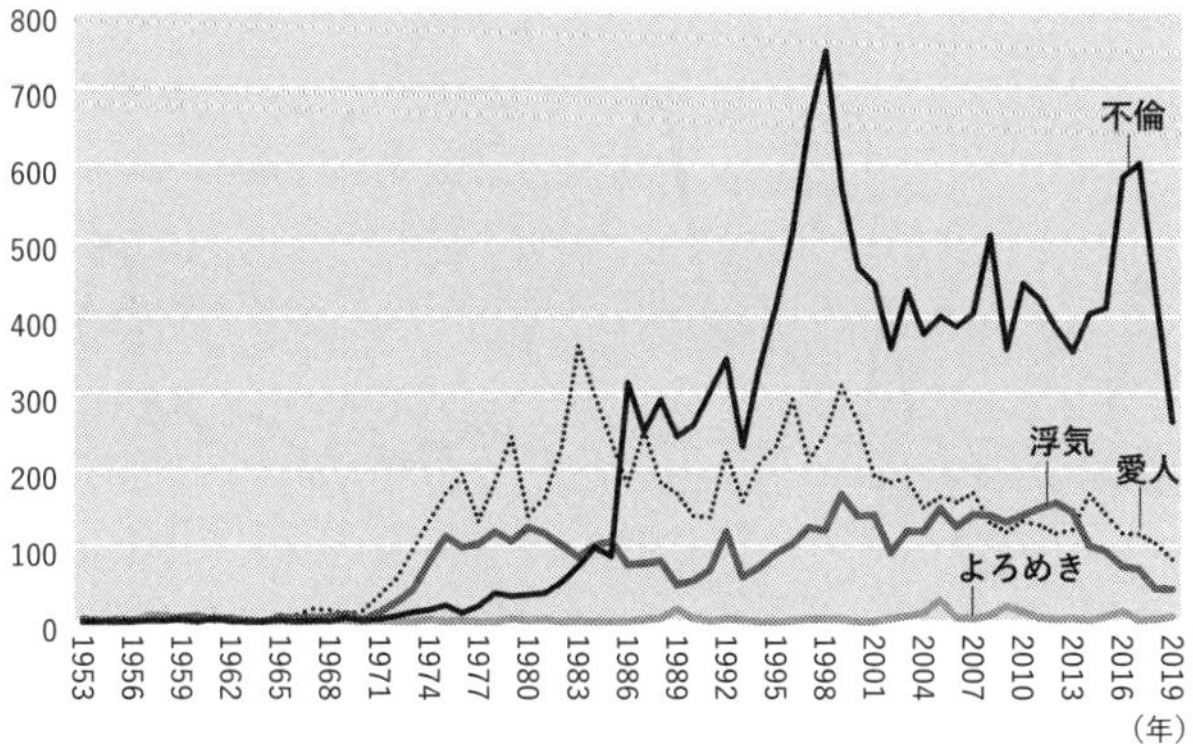

図1-1　婚外性交渉を意味する言葉をタイトルに使う記事件数

（大宅壮一文庫より米田秀司氏作成）

こで使った言葉は「不倫」「浮気」「よろめき」「愛人」である。近い意味をもつ複数の単語を比較することで、不倫という言葉の普及をより深く理解することができるだろう。

図1―1に結果を示した。1986年を境に「不倫」という言葉の使用が顕著に増加している。1985年から1986年の増加は急速であり、1年で86件から313件に伸びている。先述したように、『金曜日の妻たちへ』の放送は1983年であり、その続編も84年、85年であるので、「不倫」という言葉をタイトルに使う記事数の増加時期とは必ずしも一致していない。ドラマ放送以前には「不倫」が婚外恋愛を指す言葉としてそこまで中心的ではなかった

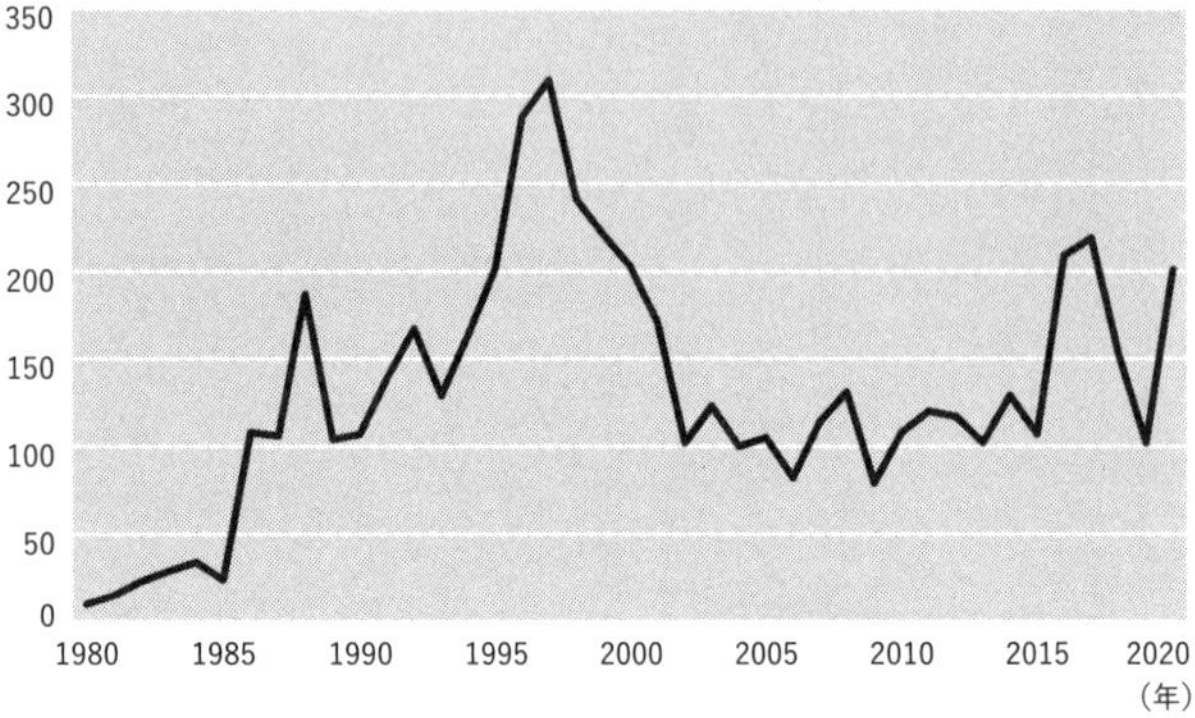

図1-2　主要週刊誌において「不倫」をタイトルに使う記事件数

(大宅壮一文庫より筆者作成)

が、ドラマ放送後に十分に認知されたとして使われ始めたのだろうか。記事の内容も現代的な意味での「不倫」という用法に統一されており、その他の用法は見当たらなかった。理由ははっきりとわからないものの、1986年を境に、不倫という言葉が一般に定着したといっていいだろう。

ただし、雑誌の創廃刊が結果に影響しているかもしれない。雑誌の数が増えれば、それだけある言葉が登場する数も増える可能性が高まるからだ。その可能性を除くため、日本の代表的な週刊誌であり長期にわたって刊行されている『週刊文春』『週刊新潮』『週刊現代』『週刊ポスト』『女性自身』『女性セブン』『週刊女性』に限定した結果を図1－2に示した。ここでは議論を簡単にするため、１９８０年以降に不倫という言葉が使用された記事数に限定している。[*44]ここからも図１－１と同様に１９８６年以降の大幅な伸びを見ることができるだろう。

その後、不倫という言葉の使用がピークを迎えるのが、ある芸能人が不倫と文化や芸術を結びつけた発言をした１９９６年秋から97年にかけてである。[*45]発言がワイドショーなどで大きく報道されて以来、雑誌で不倫をタイトルに含む記事数が大幅に増えた。不倫という言葉が一般に十分浸透し、違和感なく使用されていたことがわかるだろう。

それでは図１－１に戻り、その他の言葉の利用頻度と「不倫」の利用頻度の連動を見てみよう。この比較から、婚外性交渉を意味する言葉として、「不倫」という単語が支配的な地位を占めるようになった経緯がわかるのではないか。１９９０年代から２０００年代前半にかけて、全体的に「不倫」の利用件数が増えれば他の言葉の利用件数も増えているように見える。そのため「不倫」とその他の単語は代替可能なものとして用いられていたのではないか。しかしその後、２０００年代中盤から「不倫」とその他の言葉の利用頻度が連動しなくなっている。「愛人」や「浮気」という言葉の使用頻度は徐々に減少し、一方で社会情勢を反映するように「不倫」という言葉は乱高下を繰り返している。

ここから、不倫という言葉には２つの契機があるといえるだろう。まずは「不倫」という言葉の使用頻度が急増し、一般的に使われるようになった１９８６年である。この頃には

「愛人」といったほかの言葉の使用頻度は、全体的に下がりながらも「不倫」という言葉と代替的に用いられていた。そしてその後2000年代中盤に、「不倫」という言葉がその他の言葉に取って代わり、婚外性交渉を示す代表的な言葉として定着したのである。

4 社会科学的位置づけ

研究のさきがけ

不倫は日本において長らく――法学や文学を除いて――研究の対象ではなかった。本書の筆者の一人である五十嵐《いがらし》彰《あきら》の研究[*46]が、日本における本格的な不倫研究のはしりではないかと思われる。

それまで研究が活発でなかった理由の一つとして、不倫や浮気というテーマ自体が俗的だから避けられてきたことがあるだろう。たしかに、メディアにおける取り上げられ方や、一般的な扱われ方を考えると、俗な話題であることは否定できない。筆者らが不倫研究の話を研究者仲間にすると、だいたいの場合「ネタ」として捉えられる。[*47]

しかし日本国外、例えばアメリカでは不倫の研究は非常に盛んで、その学問的な意義も確立している。おそらく最初期の研究は、いわゆるキンゼイ・レポートと呼ばれる一連の研究であろう。昆虫学者・性科学者のアルフレッド・C・キンゼイ（1894－1956）は、性的描写を含む著作物や避妊情報を国内に持ち込むことがまだ違法だった1938年のアメリカにおいて情報収集を始め、1948年に『人間における男性の性行動』、1953年に『人間における女性の性行動』を発表している。著作の中で、マスターベーションの経験や性交の回数、付き合った人数、同性との性交経験、そして不倫経験についてまとめている。[*48]

経済学においては、金融資産や車の保有台数など「全くもっていない人と複数あるいは沢山もっている人」が混在したデータを扱うことのできるトービット・モデルでの分析例として、不倫回数のデータが使われたのがさきがけである。1978年に発表された経済学者レイ・フェアの論文タイトルは“A theory of extramarital affairs”すなわち「不貞行為理論」である。[*49]

社会科学の視点から不倫はどのように捉えられてきたのか。代表的な例として、社会学の概念である近代家族論およびロマンティック・ラブ・イデオロギーと、経済学の概念であるサーチ理論および不確実性の観点から考えてみたい。

近代家族論

まず、家族社会学の概念である近代家族とロマンティック・ラブ・イデオロギーを概観し、家族や婚姻関係はどのように論じられてきたか、そして不倫がそこからの逸脱であることを見てみよう。

落合恵美子《おちあいえみこ》は『21世紀家族へ』において近代家族の特徴として、以下の8項目を挙げている。[*50]①家内領域と公共領域の分離、②家族構成員相互の強い情緒的関係、③子ども中心主義、④男は公共領域・女は家内領域という性別分業、⑤家族の集団性の強化、⑥社交の衰退とプライバシーの成立、⑦非親族の排除、⑧核家族、である。最後の⑧核家族は必ずしも必須ではない（例えば3世代家族も近代家族に含まれるため）が、その他の特色は、「家族なら一般的にもっている性質」を切り取ったに過ぎないように見えるだろう。近代家族という概念の意義はまさにそこにあり、こうした特徴をもつ家族の形態が普遍的ではなく、ある時期以降に見られるようになったことを指摘する。

前近代においては、家内領域と公的領域の境界が曖昧《あいまい》で、人々は家族という単位ではなく共同体の中で生きていた。[*51]そのため、近代家族以前はコミュニティが一体となり子どもを育てていたのである。近代家族以降、育児が家庭のものとなったのは周知であろう。さらに、現代でいう子どもや母親（母性）のあり方も、18世紀やそれ以降に誕生した考え方だとされる。現代の子どもは愛情を注ぎ育てる対象とみなされる傾向にあるが、17、18世紀以前のヨーロッパでは「小さい大人」として、自分で食事などができるようになった頃から労働力として数えられていたという。[*52]

ロマンティック・ラブ・イデオロギー

近代家族に結びついた規範的な考え方の一つに、ロマンティック・ラブ・イデオロギーがある。ロマンティック・ラブ・イデオロギーは、結婚と愛と性（セックス）が一体化したものであり、一生に一度の恋に落ちた男女が結婚することが理想的とされた。[*53] 結婚は愛に基づくものでなければならず、結婚まで性的な「純潔」を保つことによって、性行為が愛の表象ともなった。[*54] 当然結婚後も1人に対してのみ愛を注ぎ、性行為を行うことが規範とされている。

近代家族とロマンティック・ラブ・イデオロギーが日本に導入される過程において、必ずしも両者は同時に一般化したわけではなかった。近代家族が中産階級の間で主流となった大正期には、愛情に基づいた恋愛結婚というよりも、温かで円満な家庭を第一の目的とした結婚のほうが主流だったようである。[*55] 家庭の円満ではなく、個人としての愛の実現に幸福を求め、近代家族とロマンティック・ラブ・イデオロギーが結びつき始めるのは1950年代以降からともいわれている。[*56]

しかしロマンティック・ラブ・イデオロギーは、不安定な地位にあり続けていた。例えば結婚前に彼氏や彼女とセックスをすることは、現代では当たり前になっており、さらに恋人がいるにもかかわらず恋人以外とセックスすることも、聞かない話ではないだろう。

こうした状況について谷本奈穂《たにもとなほ》は、『恋愛の社会学』で1970年代から2000年代までの、『週刊プレイボーイ』や『メンズノンノ』などの雑誌の恋愛記事を分析し、現代では結婚前に、恋人以外とのセックスといった「遊び」を経験する人が増えつつあることを見出《みいだ》した。こうした「遊び」の増加は一見すると近代家族やロマンティック・ラブ・イデオロギーの考え方を蝕《むしば》んでいるようにも思える。だが谷本は逆説的に、結婚前の遊びが増加するに従い、結婚後の配偶者との良好な関係性や性的排他性はより重要性を増していると論じている。谷本のこうした見方は、結婚を契機として「遊び」に歯止めがかかり、愛と性とが結びつく、ロマンティック・ラブ・イデオロギーのあり方を再確認しているといえるだろう。婚前交渉は一般的になってきているものの、婚外交渉には厳格である近年の状況を指して、「ロマンティック・ラブ・イデオロギーからロマンティック・マリッジ・イデオロギーに移行した」とも論じている。[*57]

ロマンティック・ラブ・イデオロギー(もしくはマリッジ・イデオロギー)の観点からすると、不倫は性と愛と結婚の結びつきの埒外《らちがい》にある行為であることがわかるだろう。ロマンティック・ラブ・イデオロギーに則れば、夫婦間の情緒的な結びつきや恋愛感情は夫婦間の安定的な性生活や性的排他性と強く関連しているはずである。不倫はこの性的排他性から外れる行為であり、これは言い換えると、夫婦間の情緒的な結びつきの希薄さによって性的な誠実さを減じてしまった結果ともいえるだろう。不倫はそのためロマンティック・ラブ・イデオロギーに反する行為でもあり、近代家族の規範的側面を揺るがすこととなる。

家族の変容論

近代家族にまつわる規範を問い直すことで、配偶者以外との性愛を社会学的に位置づける研究もある。アメリカのアネット・ローソンは「恋愛結婚の神話」と「自分の神話」の関係から不倫を解釈した。*58 前者はロマンティック・ラブに基づいた結婚で、後者は人生を通した個人の成長や自己実現を重視する生き方である。この2つが完全に重なっている場合には、人は結婚を通して自己実現をし、そのため不倫をする余地がなくなる。しかし人生には様々な側面があり（例えば仕事、子ども、性生活）、結婚を通してこれらすべてを実現することが難しく、結婚はかえって自己実現の妨げになってしまうかもしれない。この2つの神話が折り合わなくなり、「自分の神話」の性的な側面を充足させるために、不倫へと至るという。

ローソンは個人の自己実現に基づいた議論を展開したが、アンソニー・ギデンズは『親密性の変容』で関係性について掘り下げ、ロマンティック・ラブに対してコンフルエント・ラブという概念を提唱した。[*59] ロマンティック・ラブは特別な人、理想的な配偶者を探すことが中心的な課題となっているが、一方でコンフルエント・ラブは関係性を重視し、2人にとって継続する価値のある愛情関係かどうかが問題となる。ここで、この2人が法律婚をしているかどうか、異性愛者かどうかは重要ではなく、結婚はあくまで2人の関係性の外側に位置する制度とみなされる。関係性を重視しているため、ロマンティック・ラブとは異なり、性的な充足感も重要となってくる。さらに、性的排他性は2人の取り決めに基づいたものになる。つまり、2人の関係性そのものが最も重要であり、2人の考え方によっては必ずしも性的排他性は重要ではないこともありうる。その場合は第三者とのセックスも選択肢の一つになるだろう。コンフルエント・ラブが広まれば、結婚という制度そのものの捉え方や、結婚制度に関する性規範が変容する可能性がある。[*60]

不確実性・サーチコスト

次に、経済学から不倫を理解してみよう。現代経済学では、個人は限られた資源を用いて効用を最大に高めることを目的とする。時間という資源についていえば、みな等しく1日24時間という枠の中で労働と余暇の割合を決め、効用を高めようとするわけだ。それまで金銭や経済問題ばかりを扱ってきた経済学において、アメリカの経済学者ゲーリー・ベッカーは人間の行動や社会問題を扱った分析を行った功績でノーベル経済学賞を受賞したが、彼を発端とする結婚に関する意思決定モデルでは、余暇はすべて世帯で費やすものと暗黙裡《り》に仮定されていた。

しかし先にも触れた論文でレイ・フェアが、世帯すなわち配偶者や家族以外と過ごすことだってあるだろうと指摘したことで、余暇時間の決定要因として不倫に注目が集まり、不倫行動の実証研究が行われるようになった。既婚者が仕事、配偶者、不倫相手の間でどう時間を配分するか決める際には、自身の経済的な水準のほか、どれだけ配偶者と過ごしてきたか、不倫相手がどれだけ時間を使ってくれているか、そして不倫によってどれだけ効用が上がるかなど、様々なことが考慮される。ここでは不確実性とサーチコストの観点から不倫を読み解こう。

まずは不確実性から不倫について考えよう。生きていると、思いもよらなかったことが生じる。親密な夫婦だと思っていたのに、子どもが生まれてから妻を性的対象として見られなくなったり、自分自身を性的対象として見てもらえなくなったり、ということがある。あるいは、自分の本当に好きなタイプは配偶者とは違ったと気づくなど、自分自身の意外な一面を知ることもあるだろう。その結果、つい配偶者以外と関係をもってしまうことになる。つまり、不倫とは結婚に潜む不確実性が招くものなのである。

続いて、サーチコストから不倫について考える。人が交際相手や結婚相手を探すためには、相手のいそうな場所に出かけたり、交流して距離を縮めたりといった活動が必要になる。この際にかかるコストを「サーチコスト」と呼んでいる。このサーチコストがあるために、人は無限に結婚相手を探すことができず、どこかで区切りをつけて交際や結婚に踏み切る。その結果、その後の人生で配偶者よりも良い相手が現れた場合、その人に乗り換えるという可能性が生まれてくる。

この「サーチコスト」の考えを当てはめると、不倫とは配偶者よりも良い相手に乗り換える前段階であり、事前に不倫相手に関して情報を収集する過程（On-the-Marriage Search）と理解できる。配偶者よりも良さそうな相手に遭遇した場合、相手のことをよりよく知るために親密になる過程を経るが、この過程こそが不倫と呼ばれる行為にあたる。

さて、ここまで社会学的なアプローチと経済学的なアプローチを紹介した。これらのアプローチから、さらに議論を発展させてみよう。例えば先に上げた谷本奈穂が想定していたように、マリッジ・ラブ・イデオロギーが浸透し、結婚前の「遊び」が結婚後の不倫をとどめるような役割をほんとうに担っているのだろうか。またローソンやギデンズのように、従来の婚姻にまつわる伝統的な規範を問い直す研究者もいるが、それでは一般的に婚姻や性的排他性の規範は衰退しているのだろうか。一方、経済学のサーチコストに基づけば、不倫は婚姻後にも再婚相手を探す過程だと考えられる。この考えはどの程度まで当てはまるのだろうか。不倫相手は配偶者と比較してより良いと思われているのか、不倫相手と再婚することになるのか、そして一般的な再婚相手の属性と比較して、不倫相手の属性はどのようになっているのだろうか。今後の章では折に触れてこれらの問いに答えていこう。

こうした問いに答えるためには、あらためて不倫を定義する必要がある。第1節で見たように、「不貞行為」として認定されるには様々な事柄を考える必要がある。ただ、本書のアプローチである統計分析を用いる際には、個別ケースに関して細かな議論をすることは困難である。議論を簡単にするために、結婚後に配偶者以外とセックスをすること、と不倫を定義しよう。ここに風俗営業を利用しての性行為は含まない。

＊

第1章では、不倫についての基礎知識を共有するために、「法律」「歴史」「言葉」「社会科学」の4つの見地からまとめた。特に法律や歴史については類書が豊富なため、関心のある人はそちらにもあたってみてもらいたい。[*61] さらに他の見地から不倫を掘り下げていくこともできるだろう。本書では筆者らの専門である社会学や経済学の理論を活用して、不倫にまつわる様々な問いに取り組む。第2章以降では、筆者らが独自に集めたデータを用いて、誰がなぜ不倫をするのか、どれくらいの人がしているのか、誰とどのように出会い、どのように別れるのかを分析する。さらに、なぜ不倫は非難されるのか、といった第三者による視点も取り入れる。

補　論　本書で用いる分析手法と考え方

変数、回帰分析、仮説検定、有意確率

本書では実際に人々を対象にデータを集めて、それを分析することでどういった人が不倫をするのか、といった問いに答えていく。ここで、いくつか用語を説明したい。

まずは「不倫経験」「年収」といった物事を、変数という。変数の中身は人によって異なっており、不倫経験がある人やない人がいるだろう。分析のためにそれぞれの変数を数値で表し、例えば不倫経験がある人は1、ない人には0を割り振るなどの処理を行う。年収は100万、200万など数値をそのまま当てはめる。

分析には、一般に回帰分析と呼ばれる手法を用いる。この回帰分析は、変数間の関わり合いを分析することとなる。つまり、ある変数の値によって、他の変数の値が決まっているかどうかを分析する。説明の対象となる、今まで不倫をしたかどうかといった変数を「従属変数」と呼ぶ。そして収入や学歴、結婚前の浮気経験など不倫経験を説明できそうな変数を

「独立変数」と呼ぶ。独立変数は従属変数を規定する要因であり、「説明変数」とも呼ばれる。分析によっては、同時に複数の独立変数を用いて分析することもできる。こうした分析を行うことで、ある独立変数と従属変数との関連（例えば収入と不倫をしたかどうか）は、他の独立変数の影響を取り払ったものになる。

例えば、結婚後の年数が経《た》てばそれだけ新しい関係を望むようになり、言い換えると、年齢が上がればそれだけ不倫しやすくなるとも考えられる。そして収入は年齢に伴って上昇するのが一般的である。ここで年齢だけ入れて分析し、不倫のしやすさと関連があったとしても、それは年齢のせいなのか、収入のせいなのかはわからない。そこで年齢と収入を同時に分析することによって、収入が不倫に与える効果を取り除いた上での、年齢だけの効果を見ることができる。これは他の変数の組み合わせにおいても同様のことがいえる。

ところで、独立変数として用意した変数が従属変数と常に関連があるわけではない。例えば収入の高さは不倫のしやすさと関連しているとわかる一方で、関連する可能性があるだろうと用意した独立変数——例えば、学歴は関連しないと判明したりする。独立変数と従属変数の間に関連があるかは、仮説検定によって検証される。

仮説検定は以下の手順で行われる。まず、独立変数と従属変数の間に関連がないという仮定（これを帰無仮説と呼ぶ）を置く。次に、独立変数と従属変数との間の関連度合いを計算する。帰無仮説、つまり2変数間に関連がないという仮定を置いていたが、実際に計算すると多くの場合、独立変数と従属変数との間には何らかの関連が得られる。それでは、帰無仮説と実際の計算で得られた関連度合いのどちらが正しいのだろうか。ここで、「仮に帰無仮説が正しいという仮定のもとで」2変数間の関連が得られる確率を計算する（これを有意確率と呼ぶ）。この確率が低い場合には、2変数間の関連を得るのが非常に珍しい、ということを意味する。何にとって珍しいのかというと、帰無仮説を前提とした場合に非常に珍しい、という意味である。こうなると、帰無仮説が正しくないのではないか、と考え、帰無仮説を捨てることになる。[*62] 帰無仮説を捨てるわけなので、「関連がない、とはいえない」ということになる。少々ややこしい手順ではあるが、こうしたやり方に基づいて本書では分析をしている。

有意確率が低い場合と書いたが、一般的には5％未満、1％未満、そして0・1％未満で区切って示す。有意確率が5％よりも大きい場合は、独立変数と従属変数の間に関連があるとはいえない。ここで、これらの確率の低さは独立変数の効果の大きさとは関係ないことに注意したい。図表の読み方として、有意確率が5％未満の場合はアスタリスクを1つ（＊）、1％未満の場合は2つ（＊＊）、0・1％未満の場合は3つ（＊＊＊）つけている。第3章の76ページで、実際の分析結果と表を提示している。表を読むために必要な情報はその都度説明しよう。

因果関係について

回帰分析では2変数間に関連があることを示すが、これがすなわち因果関係であるかはわからない。因果関係は、ある個人が何か原因となりうるものを経験した場合と、しなかった場合とで、従属変数に差があるかどうかを見るものである。例えば、Aさんが不倫をした場合としなかった場合で、その後の離婚のしやすさが変わるか、といったものである。同じ個人Aさんが2度、同じタイミングで別々の経験をすることはできないので、社会科学の世界では、集団レベルで推定されるのが一般的である。

ここで、不倫のしやすさと離婚のしやすさ両方に影響を与えるような第三の変数があり、その影響を考慮していないと、不倫と離婚の分析をしたところで、因果関係を特定したとはいえない。なぜなら、例えば夫婦間の不仲といった変数が、不倫のしやすさと離婚のしやすさに影響し、あたかも不倫と離婚が関係しているかのように見えるからである（これを交絡《こうらく》と呼ぶ）。これは単純に変数間の順序関係が前後するといった話ではなく、変数間の関係が実はなかった、といった話になる。つまり、不倫と離婚の間に真の関係があるかどうかはわからなくなる。

因果関係を特定するための手法は多く考案されてきた。しかしこうした手法と不倫というトピックは相性が悪い。極端な例を挙げると、不倫と離婚の因果関係を特定するには、くじを引いてあたりが出たら不倫をしてもらう、といった処置を行わなければならないからだ。こうした事情から、本書の結果はあくまで2変数間の関連という傍証であり、因果関係ではないということを意識して読んでもらいたい。ただ、できる限り複数の分析を提示し、納得できる結果を示すよう心掛けている。

本書の範囲を超えるため因果関係を特定する手法の詳細な説明は省くが、ネットで読める論文では大久保将貴《おおくぼしょうき》による「因果推論の道具箱」[*63]がまとまっている。書籍では伊藤公一朗《いとうこういちろう》の『データ分析の力』[*64]や松林哲也《まつばやしてつや》の『政治学と因果推論』[*65]が詳しい。

第2章　どれくらいの人がしているのか——実験で「本当の割合」を推計する

第1章では不倫とは何かについて検討した。本章からは実際のデータを使い、不倫の内実に迫っていこう。

第2章では、不倫に関する規範と、実際の不倫の割合について検討する。規範とは、「ある社会における適切な行動の基準」を指す[*1]（詳しくは第6章を参照）。不倫の規範に関して非常に大雑把に述べると、「不倫は良くない」という考えであろう。こうした考えが、どの程度人々の間で共有されているのかを検討したい。次に、他国との比較を通じ、日本の規範の位置づけを確認しよう。

規範に反するにもかかわらず、実際に不倫をする人は一定数いる。既存の調査では、日本で実際に不倫をしている人の割合はどの程度だと示されているだろうか。さらに筆者らが行ったウェブ調査（総合調査）の結果も紹介する。ただ、不倫は規範に反するとされるため、一般的な調査では嘘《うそ》の回答が含まれる可能性がある。そういった可能性を除くため、特別な実験手法を取り入れて、不倫をしている人の「本当の割合」を推定してみる。

1　日本は不倫に厳しいか

反不倫規範の高さ

第1章で、近代家族に基づく規範の議論を紹介した。ここでおさらいしておくと、近代家族の規範の一つとして、ロマンティック・ラブ・イデオロギーが挙げられる。これは結婚後、夫婦間で愛情を保ち、性的排他性をもち続けるというものである。ここから、配偶者以外と性交あるいはそれに類した性的関係を結ぶ不倫とは、ロマンティック・ラブ・イデオロギーの規範から外れたものだと捉えることができる。他方、第1章で見たように、ロマンティック・ラブ・イデオロギーを絶対視しない議論も展開されている。

それでは、人々の間で婚姻外関係や不倫に関する規範はどのように受け止められているの

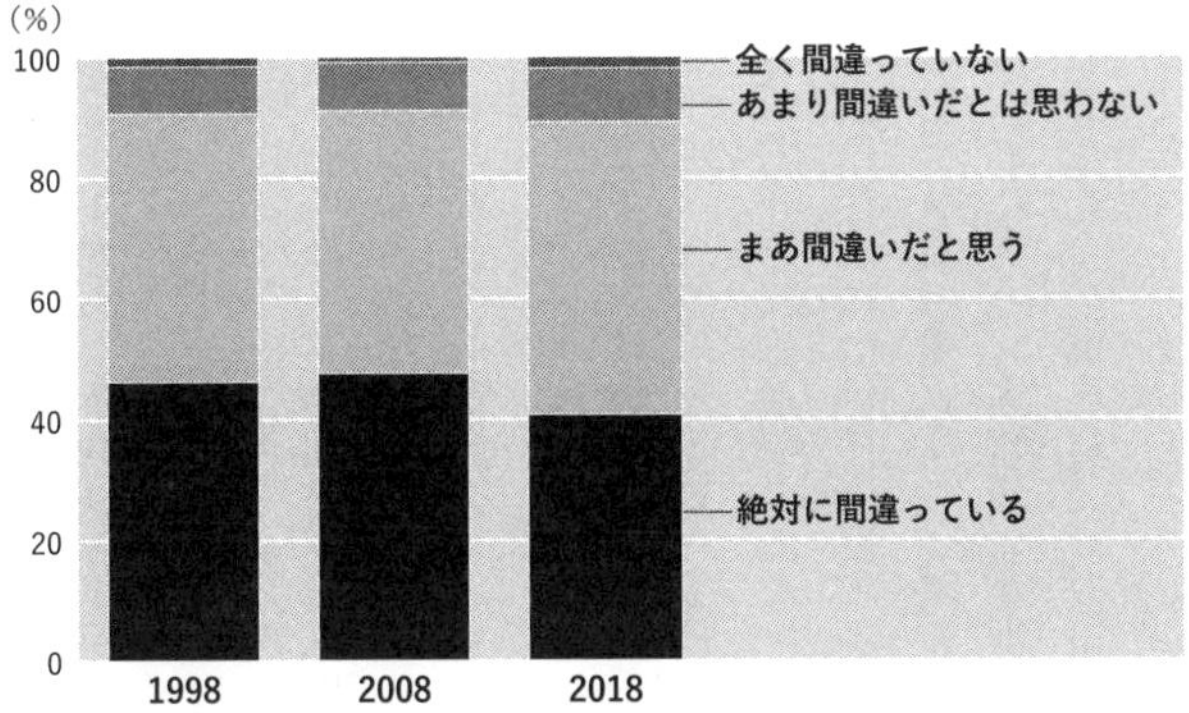

図2-1　不倫を間違っていると思っている人の割合の経年変化

だろうか。データを使って検討してみよう。今回、International Social Survey Programme（ＩＳＳＰ）という国際比較調査データを使用した。ＩＳＳＰは世界20カ国以上を対象に、毎年異なるテーマについて行われている社会調査である。不倫への賛否は宗教をテーマにした調査で質問されており、現在まで１９９１年、１９９８年、２００８年、２０１８年の４回行われている。日本はこのうち１９９８年、２００８年、２０１８年の調査に参加しており、本章ではこの３時点の調査を用いて分析する。

ＩＳＳＰの質問紙では、「結婚している人が、配偶者以外の人と性的交わりを持つこと」に対する賛否を聞いている。この質問に対する回答選択肢は「絶対に間違っている」「まあ間違いだと思う」「あまり間違いだとは思わない」「全く間違っていない」である。図2－1に3時点における日本の回答の割合を示した。図2－1から、1998年から2018年にかけて、ほぼ同水準を保っていることがわかるだろう。「絶対に間違っている」と「まあ間違いだと思う」を選択した人の割合は約20年にわたりほぼ90％という高水準にある。近年では「絶対に間違っている」人の割合が若干減少し、その分「まあ間違いだと思う」が上昇するという変化があるものの、大勢が不倫に反対であることには変わりない。ここから、婚外性交渉に対する規範は一貫して高水準で共有されているといえる。

こうした反不倫規範の高さを、神原文子《かんばらふみこ》は『現代の結婚と夫婦関係』のなかで2つの理由によって説明している。[*2] 一つは「性関係規範が守られなくなれば社会的秩序が乱れるという「価値志向」」、そしてもう一つは「夫婦関係の安定をはかるために、配偶者によって性関係規範が順守される必要があるという「動機志向」」である。

神原は後者について、反不倫規範が高いのは既婚者に見られる特徴であることを指摘し、こうした夫婦は愛によって夫婦関係を維持するかわりに、配偶者が規範を遵守するよう期待することによって夫婦関係を維持していると論じている。つまり、規範によって縛る対象は、一般的な社会の構成員ではなく自身の配偶者であり、仮に夫婦間に愛のある性交渉がなくなったとしても、不倫をしないという規範によって配偶者を縛ることで、夫婦の安定が保てて

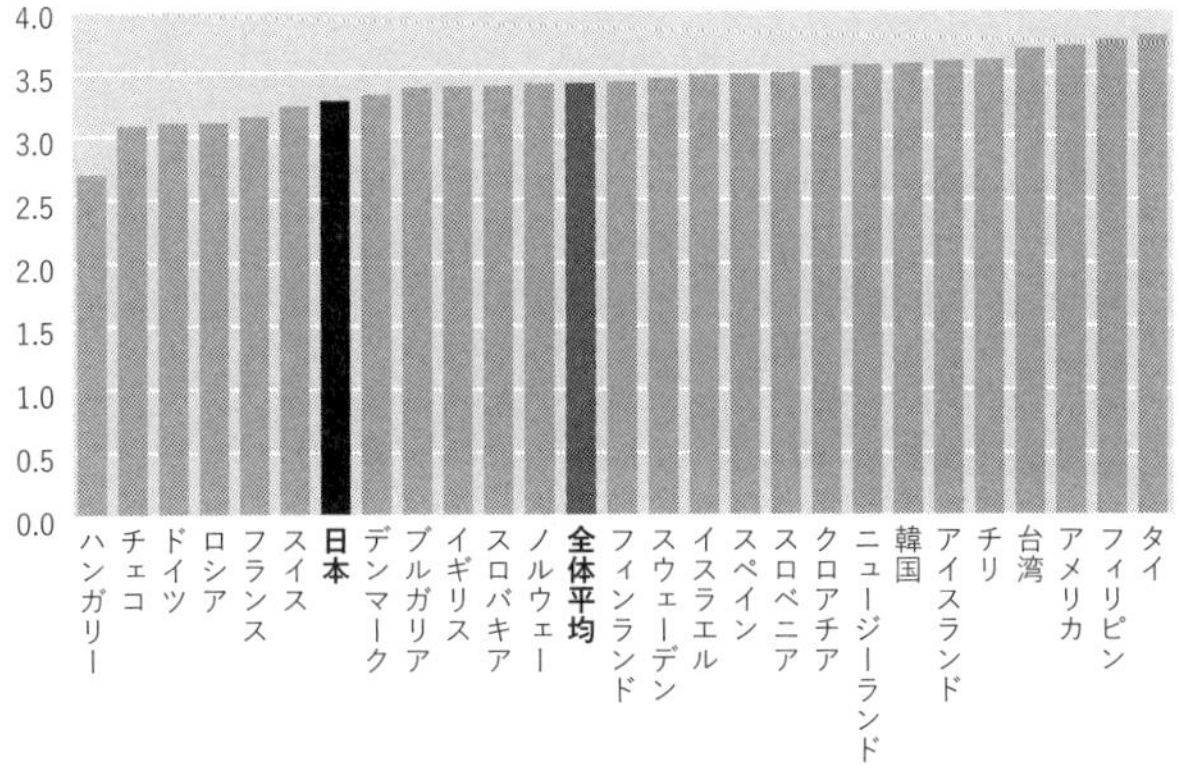

図2-2　反不倫規範の国際比較

いるといえる。

反不倫規範の国際比較

日本の反不倫規範がここ20年ほど変化していないことがわかったが、こうした日本の反不倫規範は厳しいのか、緩いのか、他国と比較してみよう。２０１８年に行われたＩＳＳＰの調査には、日本を含む27カ国が参加していた。ここで各国の傾向を数値で比較するために、「絶対に間違っている」を4、「全く間違っていない」を1というように回答選択肢を数値化し、各国の平均値を求めた。

結果を図２ー２に示した。最も不倫に対して厳格な国はタイであり、反不倫規範の平均値は3・80となっている。仮に国中の人全員が不倫を「絶対に間違っている」と回答すると平均値は4となるため、非常に強い反対があるといえるだろう。

全体的な傾向として、何らかの宗教を信仰している人が多い国ほど数値が高いといえそうである。国民の90%以上がキリスト教徒のフィリピン、70%がキリスト教徒のアメリカなどが上位にきているのは頷《うなず》ける。[*3] もちろん信仰心だけで説明できるわけではなく、例えばフィリピンでは第1章で見た姦通罪に似た法律が施行されているといった事情もある。調査時点の2018年には台湾にも姦通罪があったが、2020年5月に違憲判決が出て即日廃止された。世界的にも姦通罪は廃止の傾向にある。その背景には、他国が姦通罪を次々と廃止していることにならった波及効果や、国際会議などの場でルールを共有し、世界的に一定の方向にルールが定まっていくといった理由がある。[*4]

他国と比較すると、日本は不倫に対して緩めの態度である。もちろん調査に参加した国々の反不倫規範は全体的に高水準であり、日本と他国を比較しても大幅な差異は認められないものの、比較的低い規範水準にあるといえる。こうした傾向は他の調査でも同様に支持されており、2013年に行われた反不倫規範に関する調査でも、39カ国中下から9位という水準であった。[*5]

2　不倫経験者の割合を算出する

それでは、日本ではどの程度の割合で不倫をしているのだろうか。規範水準がやや低いだけに、他国よりも割合が高いのだろうか。この答えを得るためには、大規模な社会調査データが必要となる。

既存調査からわかること

2000年代以前のものでは、筆者らが知る限り一点、石川弘義《いしかわひろよし》らによる『日本人の性』が不倫の割合を集計している。*6 石川らは、高度経済成長を背景に、性行動を「人間らしさの証《あかし》」と位置づけ、性行動がいかに営まれているかを検証した。1982年に既婚者を対象に収集された大規模社会調査をもとに、配偶者の不倫をはじめとする、性にまつわる様々な事項を分析している。

石川らの調査では、1982年当時に（「ここ一、二年で」）不倫を経験した人の割合は、既婚男性が20・82％、既婚女性が3・79％であったことがわかっている。実際の不倫割合に加えて、石川らは配偶者以外に「よろめいた」ことがあるか、すなわち配偶者以外に心を惹《ひ》かれたことがあるかを聞いており、男性は5割から6割、女性は2割程度という結果となっている。

2000年代以降の調査では、『プレジデント』誌と相模《さがみ》ゴム工業による2つの調査が代表的なものとして挙げられるだろう。『プレジデント』誌が2009年に行った調査では、34・6%の既婚男性と6・0%の既婚女性が、2013年の相模ゴム工業による調査では、既婚者のうち24・8%の男性と14・0%の女性が不倫を経験したことがあると回答している。*7 値に差があるのは調査の対象や方法が異なっているからであり、これらの数値から時代の変化や傾向を論じることまではできないが、大まかにいえば、男性は20〜35%前後、女性は4〜14%前後に不倫経験があるといえるだろう。

総合調査からわかること

こうした既存の調査に加え、不倫の分析を進めるため、筆者らは独自にデータを収集した。NTTコムオンラインというウェブ調査会社に回答者として登録しているモニターに対して、2020年3月に結婚生活と不倫に関する調査を行った（以降、「総合調査」と呼ぶ）。日本全体の既婚者の性別・年代・居住地の割合を代表するような形で6651名からなるサンプルを収集した。このデータは今後第3章から第5章にかけての分析でも用いる。データの詳細については、第3章も参照してもらいたい。

表2-1　2020年調査（総合調査）からみる不倫経験者割合

	今までしたことがない	過去にしていたが今はしていない	現在している
全体	4,572 (68.74%)	1,775 (26.69%)	304 (4.57%)
男性	1,809 (53.28%)	1,346 (39.65%)	240 (7.07%)
女性	2,763 (84.86%)	429 (13.18%)	64 (1.97%)

総合調査は現在結婚している既婚者に限定したものであり、質問の中には、「配偶者以外と結婚後今までセックスをしたことがありますか」という項目が含まれている。この質問に対して「現在している」「過去にしていたが今はしていない」「今までしたことがない」という3つの回答選択肢を提示した。それぞれの割合は、男女別に見ると**表2－1**のようになっていた。

表2－1を眺めると、男性において「過去に（不倫を）していた」、「現在している」人の割合が非常に高いことが目につく。既婚男性のうちおよそ46・7％が結婚後どこかの段階で不倫経験があると回答している。過去の推定と比較しても非常に大きな割合であるといえよう。これは調査タイミングの差と、調査モード（調査の集め方）の差によるものと考えられる[*8]（なお、本章の後半で述べるように、この「総合調査」結果は実験的手法を用いて質問した「実験調査」結果と近い値となっている）。

一方、既婚女性はおよそ15・1％に不倫経験があるという。女性は過去の調査と比較しても大きな差がないといえるだろう。

不倫の割合の国際比較

それでは他国における不倫の割合はどの程度だろうか。入手可能なデータが限られているため多くのことはいえないが、例えばイギリスやドイツにおける不倫割合はおよそ似通っており、男性の20％、女性の15％がパートナー以外とセックスをしたことがあると回答している。[*9] イギリスの調査は、不倫をしたいと思ったことがある人の割合も同時に聞いており、男性は41％、女性は28％が思ったことがあると回答している。一方で、フランスで２０１４年に行われた調査では、55％の男性、32％の女性が結婚後今まで不倫をしたことがあると回答している。[*10]

隣国の中国では、２０００年から２０１５年の間に４度行われた調査をまとめた研究がある。[*11] これによると、２０００年には既婚男性の12・9％、既婚女性の４・７％が不倫をしたことがあると回答していた。この割合は徐々に増え、２０１５年の不倫割合は、既婚男性は33・４％、既婚女性は11・４％に増加していた。ほかにも、中国の一人っ子政策により男性の割合が女性よりも多くなった結果、不倫をする中国の女性が増えたという研究もある。[*12] これは女性にとって潜在的な性的パートナーがより多くいるという、機会の観点から説明されている。

アメリカでは多くの調査が行われているが、それらを概観すると、既婚男性は20から25%、女性は10から15%ほどが結婚生活のうちどこかで不倫を経験したことがあるとまとめられる。[*13]さらに現在入手可能な最も新しい2015年の調査によれば、男性は21%、女性は19%であった。[*14]アメリカにおける近年の調査の特徴として、男女差が徐々に縮まっていることが指摘できる。後述するように、不倫割合に男女差がなくなることによって、不倫の背後にある生物学的・進化心理学的な説明を退ける議論もある。

ちなみに各国のデータが示しているのは、「長い結婚生活のどこかのタイミングで不倫をしたことがある」人の割合である。例えばアメリカの研究では、過去1年といったように期間を限定すると、全体の2・33%といった低い数値として現れる。[*15]この点は本書の第4章で扱おう。

以上のように、他国、主にデータが入手可能なアメリカと西ヨーロッパにおける不倫割合を検討した。日本で今まで公表されている不倫割合とおよそ同水準か多少低い程度であり、日本における不倫の割合が特殊なものとはいえないだろう。

3　実験研究による不倫の検討

ここまでは、日本における不倫に対する規範と実際に経験のある人の割合について見てきた。日本の不倫に対する規範は他国と比べて、どちらかといえば緩めという印象である。また、実際に不倫をしている人の割合は他国とおおよそ近い値となっている。

しかし、不倫の経験を正直に答えることには、抵抗があってもおかしくない。過去の調査で明らかになった不倫の割合は、正確な数値なのだろうか。実験を用いて収集したデータをもとに、この問いについて考えてみたい。

社会的望ましさとリスト実験

前節では日本における不倫の割合を既存の資料と筆者らによる独自のウェブ調査（総合調査）から算出したが、回答者には真実をいっていない人が含まれていると推測できる。なぜなら不倫を好ましくないとする規範が日本では形成されており、匿名の調査であっても自分が不倫をしたことがあると告白すれば何か良くない結果を招くと感じ、不倫経験がないと偽る回答者がいると推測されるからである。対面調査の場合、調査員に対して回答を知られる

A群（統制群）	B群（処置群）
• フルマラソンに参加したことがある • タバコを吸ったことがある • UFOキャッチャーで商品をとったことがある	• フルマラソンに参加したことがある • タバコを吸ったことがある • UFOキャッチャーで商品をとったことがある • 結婚後配偶者以外とセックスをしたことがある

図2-3　リスト実験の一例

ことを拒む人も多いだろう。これを「社会的望ましさ」と呼び、実際の自分の行動や態度にかかわらず、社会的に望ましいと思われる回答を調査上で行うことを意味する。

調査における社会的望ましさの影響を回避する方法として、実験手法がいくつも考案されてきた。よく使われる実験の一つとして、リスト実験が挙げられる。[*16] リスト実験では、図2-3のように回答者を2群に分割する。この際、回答者はランダムにA群とB群のどちらかに割り振られなければならない（ランダムとは、回答者ごとに同一の確率で、という意味である。つまり男性だからよりA群に割り振られやすい、といった偏りのある割り振りではないということ）。

ここでA群には3つの項目のリスト、B群にはこの3つの項目に加え、研究関心となる項目1つを加えた4つの項目のリストを提示する。こうしたA群のことを統制群、B群のことを処置群などと呼ぶ。

回答者をA群とB群にランダムに分割した上で、それぞれの群に対して次のような質問をする。

「以下のリストに提示した項目のうち、あなたは今までにいくつしたことがありますか？　どれをしたことがあるとはお答えいただかなくて結構です。したことのある項目の数だけお答えください」

ここで重要なのは、実際にどれをしたかを答えてもらうのではなく、したことのある項目の個数だけを答えてもらう点である。回答者は、したことのある項目の数だけを答えるので、どれをしたことがあるかは調査者側には知られない。そのため、この方法でならより正直な回答を得ることができると考えられる。

統制群であるA群が回答できる最大の項目数は3つ、対して処置群であるB群は4つで、処置群のほうが多くなりやすい。統制群の回答者と処置群の回答者の回答項目数でそれぞれ平均をとって、処置群が1・5、統制群が1・8だったとしよう。ここで、統制群と処置群にはランダムに割り振られるため、上の3つ（フルマラソン、タバコ、UFOキャッチャー）をしたことがある人は統制群と処置群でほぼ同じような割合だと思われる。そのため、統制群と処置群との平均値の差は、処置群に対して1つ多く聞いた項目の割合を反映していると考えられる。ここから、統制群と処置群との差、すなわち1・8−1・5＝0・3、30％が不倫をしたことがある人の割合となる。

さらに応用として、統制群（もしくは新たにC群を作ってもいいが）に対して「あなたは結婚後配偶者以外とセックスをしたことがありますか？」という直接質問をしてもいい。この直接質問に対しては、回答者は社会的望ましさに影響された回答をすると考えられる。すると、リスト実験で得られた、社会的望ましさを排した不倫割合と、社会的望ましさに影響された割合がそれぞれ算出できる。

筆者が知っている限りリスト実験を不倫研究に応用した例はアメリカで1件報告されている。[*17] 直接質問では26・2％の回答者が配偶者・恋人以外とセックスをしたことがあると回答しているが、リスト実験で社会的望ましさを除外した回答では35・9％に上昇する。10％ポイントという決して少なくない上昇幅からも、リスト実験の有効性が確認できるだろう。

ただし、リスト実験を使ったあらゆる研究で、リスト実験と直接質問に対する回答傾向が異なるとは限らない。マチュー・クレイトンとアマニー・ジャマルはアメリカにおけるムスリム移民に対する態度をリスト実験を使って検証した。[*18] 結果、直接質問に対する回答とリスト実験での回答の割合は異なっていなかった。これはムスリム移民に対する排外的な態度を隠すという規範が希薄であったということを示している。

「実験調査」の概要

それではこの手法を使って、日本における不倫の割合を見てみよう。ウェブ調査会社である楽天インサイトに登録しているモニターを対象に、2021年5月にインターネットを通じてデータを収集した（以降、本書ではこれを「実験調査」と呼ぶ）。対象者は年齢・性別・婚姻状態・居住地を平成27年に行われた国勢調査の割合を再現するような形で収集した。これはつまり、例えば30〜34歳の女性で北海道に居住している人が日本の全体人口の2%を占める場合、この属性の人が全体の2%になるように回収することを指す。

こうした調査では、一般的に無作為抽出によってサンプルを選ぶことが望ましいといわれている。無作為抽出とは、調査対象となる確率が母集団構成員間（例えば、住民基本台帳に載っている18歳以上70歳以下の人、など）で同一な調査を指す。この抽出方法では、代表性のあるサンプル、つまり様々な属性において母集団構成比と同じようなサンプルを得ることができる。一方、調査会社のモニターを対象としたウェブ調査では、代表性のあるサンプルであるとはいえない、という欠点がある。*19

ただしウェブ調査にも利点があり、プライベートに関わる質問についてより正確な回答を得やすいという特徴がある。アメリカにおける不倫の研究では、対面のインタビューに対する回答より、独りでコンピューター上で回答した場合のほうが、不倫をしていると答える人の割合が多くなることが報告されている。[20] これはつまり、他人と対面した上での回答の場合は社会的に望ましいとは思われていない不倫行動を過少報告し、他人に回答を知られる恐れのないコンピューター上ではより正直に回答していると解釈できる。回答を知られる可能性を恐れて、自身の回答を歪《ゆが》めている可能性があるだろう。また、ウェブ調査はより自由度の高い実験を行うことができるため、実験調査を用いた研究に向いている。無作為抽出とウェブ調査データとの間で、実験の効果の差が少ないという報告もある。[21]

リスト実験の結果

「実験調査」では、既婚者・未婚者・離死別者を、国勢調査の割合を再現するような形で収集した。既婚者・未婚者をあわせた全体のサンプルサイズは1840であり、このうち既婚者と離死別者サンプルサイズは1375である。[22] 不倫は結婚後の行動となるので、本研究では、既婚者と離死別者を対象にリスト実験を行っている。

統制群に与えた項目は「初日の出を見る」「二日酔いに苦しむ」「手紙・電話・メールなどで、店や企業に苦情を伝える」「選挙権があるのに、投票にいかない」であり、このうち今までしたことがあるものの個数を聞いている。統制群に対しては、個数を回答してもらった後、直接「あなたは結婚後、夫／妻以外とセックスをしたことがありますか」という質問を

表 2-2　リスト実験の推定値

	リスト実験(a)	直接質問(b)	差(a−b)
全体推定値	.377 (.039)	.344 (.020)	.033 (.044)
男性推定値	.519 (.060)	.483 (.029)	.036 (.067)
女性推定値	.247 (.054)	.210 (.024)	.037 (.059)

＊かっこ内に標準偏差を示した。

聞き、「はい」か「いいえ」で答えてもらっている。処置群に対しては、この4つの項目に「結婚後、夫／妻以外とセックスをする」を加えたものの個数を聞いている。

分析の結果、**表2－2**のような結果となった。直接質問のほうは、「あなたは結婚後、夫／妻以外とセックスをしたことがありますか」という質問に対して「はい」と答えた人の割合の推定値である。リスト実験は先述の実験手法で、社会的望ましさを取り除いた上での不倫をしている人の割合を算出したものである。**図2－3**に則って解説すると、B群（処置群）からA群（統制群）の平均値を引いた値である。これら推定値に100をかけると、不倫をしている人の割合（％）になる。標準偏差とは、平均値からのデータの散らばり具合を示すもので、数値が大きいほど散らばりが大きいことを意味する。

表2－2によると、リスト実験で検証した結果、日本では37・7％の既婚者が、結婚後今まで配偶者以外とセックスをしたことがあると回答している。これは社会的望ましさを（ある程度）取り除

いた値であるので、おそらく実際の値に近いだろう。もちろん本調査がウェブ調査であることは再三強調する必要があるが、今まで日本で行われてきた調査の中では最も精度が高いのではないかと思われる。

この値と直接質問の値とを比較してみよう。直接質問の値は、社会的望ましさに影響を受ける値となっている。直接質問で聞いた場合は34・4％の人が今まで不倫をしたことがあると回答している。これはリスト実験の値と見かけ上ほぼ変わらず、この２つの差に対して統計分析をしても、統計的に有意ではなかった。これはつまり、この２つの値に意味のある差がないということだ。

男女の違い

この値を男性と女性で分けてみよう。男性の既婚者のうち、リスト実験の推定値は51・9％であった。これは要するに、既婚者男性のうち半分程度が、今まで不倫をしたことがあるということだ。リスト実験は社会的望ましさをある程度除外した値であるので、実際の値に近いだろう。一方、直接質問で質問すると、男性は48・3％の人が今まで不倫をしたことがあると回答している。３％ポイント程度の差があるものの、この値も統計的に有意ではなかった。

次に女性だが、リスト実験で検証すると、24・7％の既婚者の女性が今まで不倫をしたことがあると回答していた。一方、直接質問で聞いた場合、女性は21・0％の人が今まで不倫をしたことがあると回答した。こちらも3％ポイント程度の差があるが、この差も有意ではなかった。

この分析は以下のようにまとめられるだろう。まず、男性と女性とでは不倫の割合は倍近く差が開いており、リスト実験によれば男性は51・9％、女性は24・7％の人が今まで不倫をしたことがあると回答していた。これらの値は、社会的望ましさを取り除いたと考えられるリスト実験で聞いた場合でも、社会的望ましさに影響を受けると予想される直接質問で聞いた場合でも、どちらでもほぼ変わらなかった。これは言い換えると、人々は不倫について質問紙で聞かれた際には、嘘をつかず、実際に不倫をしたかどうかを回答してくれるということを示唆している。

仮にこの傾向が他の調査にも当てはまるとすると（おそらくその可能性は高いと考えられるが）、総合調査のほうで質問した不倫の割合も同様に、社会的望ましさに影響を受けたものではないといえるだろう。総合調査と実験調査との間で不倫の割合がおおよそ近い値になっていることからも、この傾向がおそらく正しいことがうかがえる。そのため、以降の章で総合調査を使う場合には、おそらく社会的望ましさに影響を受けていないものとして解釈する。

なお、このようにリスト実験と直接質問とで数値に差が出なかった場合、リスト実験が失敗したとみなす研究もある。[*23] しかし、差がないという結果を積極的に解釈することもできるだろう。一つの理由として、ウェブ調査上であれば不倫をしたことがあると回答しても、先に記したように他者に知られる不安がないため、正直に答えていることが示された、と見ることができる。もしくは、直接的なかかわりがない第三者に対しては比較的簡単に不倫経験を明かしてくれるという可能性もあるだろう。

ただし、この中には風俗店を利用してセックスをした人も含まれている可能性がある。国内外で過去に行われた不倫に関する調査はどれも風俗店を利用した人を除外しておらず、本章の調査でも比較しやすくするために風俗店でセックスをした人を除外しなかった。今回実施した「総合調査」ではどこで不倫相手と出会ったかもわかっているため、風俗店を利用した人を除外することもできる。すると、男性は過去に不倫をしたことがある人の割合が39%から31%に、今している人が7%から6%に低下した（女性は風俗店を利用してセックスをした人がいなかった）。仮にこれがリスト実験にも当てはまるとすると、風俗店を利用してセックスをした人を除いて、結婚後に配偶者以外とセックスをした男性は、だいたい40%程度になるだろう。第3章以降では不倫相手の属性や不倫の目的が重要になるため、風俗店を利用してセックスをした人たちは除いて分析している。

進化心理学か、社会システムか

過去の統計や今回のリスト実験の結果から、男性のほうが女性よりも不倫経験のある人の割合が高いことがわかった。これは他国でも見られる一般的な傾向であり[*24]、読者の実感にも合うことだろう。こうした男女間の割合に対し、進化心理学の観点から説明を試みる研究者がいる。男性は多くの女性とセックスをすることで子孫を残す確率を上げることができるが、女性は生存のために必要な資源を与えてくれる男性と長く続く関係をもったほうが有利だという議論である。[*25]この議論は一見理にかなっているように聞こえるし、おそらく一般にもいわれていることではないか。

しかしアメリカの社会学者クリスティン・マンチはこうした進化心理学的なアプローチに対して、以下の3点のような否定的な見解を述べている。[*26]①男性でも女性でも、不倫をする人としない人がいるが、進化心理学的なアプローチが正しいとなれば、男性はおしなべて不倫をし、女性は全くしないこととなってしまい、なぜ不倫しない男性がいるのか、なぜ不倫をする女性がいるかなど性別内の差異を説明できない、②（アメリカでは）男女間の不倫割合が近年では似通ったものになりつつあり、不倫が男性特有の行動とは言い切れない、③文化間で不倫の割合が大きく異なっているが、仮に進化心理学的な説明が正しければ文化差はほぼないはずである。

もちろん進化心理学が不倫研究に対して与えた学術的な貢献は大きく、本書でも少なからず依拠しているが、男性内、女性内の差異についてはより社会的・経済的な説明が求められるだろう。

マンチは進化心理学的なアプローチではなく、社会構造や文化など、人が埋め込まれている社会システムの影響を重視している。男性が女性よりも不倫をする理由として、伝統的に男性のほうが女性よりも夫婦関係をコントロールできる権力をもっており、不倫による離婚のリスクが少ないこと、男性のほうが経済的に自立しがちなこと、そして男性のほうがセックスに結びつくようなジェンダー・ステレオタイプをもたれがちなことを挙げ、こうした社会的に形成された状況によって、男性のほうが女性よりも不倫する割合が高いと論じる。

こうした議論が支持されるには、これらの側面が異なる社会を比較しなければならないが、まだ十分な研究が行われていない。そのためこの議論の妥当性には一定の留保が必要であるものの、異なる社会の間の不倫割合の差異や、同じ性別内で不倫する人としない人の差異を考えると、社会構造による説明のほうが、進化心理学的な説明よりも理にかなっているのではないかと思われる。なぜ男性・女性が不倫をするのかという問題については、次章で細かく論じたい。

＊

本章では、日本の不倫の規範と実際の不倫割合について、国際比較や実験を通して多角的に見てきた。まず不倫は一般的に許されないという規範が日本人全体に共有されており、過去20年間を通して高い水準にあることがわかった。ただしタイやアメリカでは、ほぼ全員が不倫を絶対に許されないものだと考えているのに比べると、日本の規範水準はやや緩めともいえる。

それでは実際の不倫割合はどうなっているのか。過去に実施された調査や資料を比較してみると、日本が特別高いといったことはなく、西ヨーロッパやアメリカと同等か多少高い程度であった。

しかしこの不倫割合は、あくまで調査に対して正直に答えた人の割合に過ぎない。不倫は良くないことだという規範が浸透している社会においては、社会的望ましさが回答傾向に強く影響している可能性がある。本章の後半ではリスト実験という手法を用いて、「本当の」不倫割合を算出した。その結果、多くの回答者がこうした規範に影響を受けず、不倫をしたことがあると正直に回答していることがわかった。既婚男性の51・9％、既婚女性のおよそ24・7％が、結婚してから今まで配偶者以外とセックスをしたことがある、との回答はこれまで日本でなされた調査のうち最も現実に近いものではないか。

この結果から推測するに、今までの調査や本書で取り上げたもう一つのウェブ調査（総合調査）においても、回答者は自身の不倫経験について正直に回答していたのではないかと思われる。第3章では、各種調査における不倫経験について嘘がないという前提のもと、では誰が不倫をしているのかを検証してみよう。

補　論　リスト実験を成功させるために

リスト実験の仮定として、「嘘をついている人がいない（no liar assumption）」と「デザイン効果の不在（no design effect assumption）」がある。[*27]

嘘をついている人がいない仮定は、嘘をついている人がいれば、もしくは多ければ、リスト実験そのものが成り立たなくなってしまうため重要である。より具体的には、すべての項目をしたことがある（もしくは、ない）と答えやすいような項目の選び方だと、調査者に自分の回答が知られてしまいやすくなる。例えば食事をしたことがある、横断歩道を通ったことがある、など、全員がしたことがあると答える項目ばかりでは「不倫をしたことがある」のようなセンシティブな回答を隠せないということだ。

こうした状況では、不倫経験がある人は、本当はすべての項目を選ばなければならないが（提示された項目数が5なら、したことがある行動を5と答える）、すべての項目を選んだ時点で不倫経験が明らかになってしまうので、それを隠そうとして本来の数から1を引いた数を答えると予想できる（したことがある行動を4と答える）。これを天井効果といい、反対にほかのすべての選択肢が選ばれないような状況（宇宙旅行をしたことがある、など）であるために、センシティブな回答を隠そうとして嘘をつく（1ではなく0という）ことを床効果という。嘘をつく動機を生まないように、項目選びは慎重にならなければならない。

上手い選び方の一つとして、項目間の選ばれやすさが負の関連をもっているように選ぶと良い、という研究がある（例えば「日々運動をする」と「タバコを吸っている」など）[*28]。これはつまり、片方を選ぶ人はもう片方を選びにくいため、天井効果・床効果が起きにくくなるというものだ。今回の研究では、統制群の平均的な選択個数が2・345（最大値4）とまずまずなばらつき具合となった。

次にデザイン効果の不在だが、デザイン効果とは処置群（本章ではB群）に割り振られた回答者が、追加の項目（センシティブ項目）があることによって非センシティブ項目の選択行動が変わることを指す。例えば、「一家団らんする時間を毎週もっている」という非センシティブ項目があったとしよう。「不倫をしたことがある」というセンシティブ項目を見せられた人は、仮に家族団らんの時間をとっていたとしても、罪悪感のせいかこの非センシティブ項目を選択しなくなるかもしれない。そうした効果があった場合、A群とB群の平均値の差は、追加のセンシティブ項目を反映しているのか、それともセンシティブ項目を与えられたことによって選ばれなくなった非センシティブ項目の個数を反映しているのか、わからなくなってしまう。

これら2種類の仮定が成立しているかどうかは、グレイム・ブレアとコウスケ・イマイが提供するRのｌｉｓｔパッケージ（統計プログラミング言語を拡張するパッケージ機能）を使って検証することができる。検証の結果、本章で行ったリスト実験において2つの仮定は満たされていることがわかった。加えて処置群と統制群にランダムに割り振られているかどうかも検証する必要があるが、こちらはロジスティック回帰分析という手法で、割り振りを従属変数とした分析で検証できる。こちらの仮定も同様に満たされていた。

リスト実験や第6章で扱うコンジョイント分析などの実験手法について理解を深めたい場合には、ソン・ジェヒョンと泰正樹《はたまさき》による「オンライン・サーベイ実験の方法：理論編」「オンライン・サーベイ実験の方法：実践編」がまとまっている。どちらもネットで読むことができる。[*29]

第3章　誰が、しているのか――機会・価値観・夫婦関係

第2章では、日本の既婚者のうち男性はおよそ50%、女性はおよそ15〜25%が今まで配偶者以外とセックスをしたことがあるとわかった。この割合を少ないと見るか多いと見るかは人それぞれかもしれないが、かなり身近な出来事だとはいえるだろう。

それでは、どのような人が不倫をしているのだろうか。「不倫をしやすい人」に関する記事はインターネット上に溢《あふ》れているが、これらの記事は噂や本人・友人の経験談に則ったものが多い。噂や経験談は、その当事者にしか当てはまらず、社会全体の傾向を考える上では不適切な可能性がある。さらに、同じ原因を扱っておきながら、2つの異なる結果が考えら

れる場合もある。例えば「結婚前に遊んでいた人ほど結婚後真面目《まじめ》になる」という言説と、「結婚前に遊んでいた人ほど結婚後も遊びを続ける」という相反する言説である。

繰り返し述べているように、アメリカやヨーロッパでは不倫を研究対象として、実際にデータを取得し、どのような人が不倫をしやすいのかを統計的に分析している。それに対して、日本では筆者の一人によるもの[*1]がおそらく唯一の研究といっていいだろう。ただし、この唯一の研究も対象や質問が極めて限定的であり、そのため日本でどのような人が不倫をするのか、ほとんどわかっていないのが実情だ。

そこで本章では、どのような人が不倫をしているのかを、機会・価値観・夫婦関係という3つの視点から検討する。これらは主にアメリカの研究において不倫の三大要因としてまとめられたものである。[*2]本章ではまずこのフレームワークに則り、海外の研究を概観していこう。さらに、機会・価値観・夫婦関係の視点のもと、日本で新たに収集したデータを分析した結果を示し、海外の研究で言及されている現象が日本でも同様に見られるかどうかを検討していきたい。

分析に用いたデータや手法の説明、詳細な分析結果はそれぞれ章末にまとめてある。関心のある方はぜひご覧いただきたい。データは第2章でも紹介したNTTコムオンラインのものので、6651人の既婚者を対象に実施した調査（総合調査）である。このデータを用い、

「今まで不倫をしたことがない人」と「現在不倫をしている人」の差異をどのような要素が決めるのか、という観点から分析を行っている。そのため「過去に不倫をしていたが現在はしていない人」は分析から除外されていることに留意してもらいたい。そして第1章で触れたように、「現在不倫をしている人」でも、相手と出会った場が風俗店であれば分析から除いている。

1 機会——きっかけとコスト

三大要因のうち、まずは機会について論じたい。ここでの機会とは、他者へのアクセスのしやすさやその欲求を指す。[*3] 具体的には、「きっかけ」と「コスト」に分けられる。不倫を始めるには、当然だがまず不倫相手に遭遇しなければならない。不倫相手に遭遇しやすい状況を、ここでは「きっかけ」と呼ぶことにしよう。そして不倫相手に近づいたり、近づこうという意思をもつためには、ある程度の金銭的・時間的余裕が必要といえるだろう。これを「コスト」と呼ぶ。

アメリカやヨーロッパなどでの研究では、きっかけやコストの重要性が繰り返し検討されてきた。ここではその研究の成果を簡単にまとめた上で、日本のデータを使った分析結果を示し、過去の研究でいわれてきたことが日本でも当てはまるかどうか検討してみよう。

男性は職場で不倫し、女性は退屈だと不倫する?

不倫相手と遭遇する確率を高めるには、異性が多い環境に身を置いたり、配偶者と一緒にいない時間を多く過ごしたりすることが重要だと考えられるだろう。

まず自身の身を置く環境についてだが、多くの場合「不倫」は職場の同僚を相手に行われている。[*4] これは次章で詳しく見るように、日本の不倫についても同様のことがいえる。日本において労働者が職場で1年間に過ごす時間は、睡眠時間を除いた可処分時間のうち約28%を占めている。[*5] 1日の多くを職場で過ごすことを考えると、職場での関係が多いのは納得できるものかもしれない。結婚にも同様のことが当てはまり、初婚夫婦の28・2%が職場における出会いをきっかけとしている。[*6]

こうした傾向から、職場の男女割合や職場への滞在時間が不倫の重要な要因といえよう。ほとんどの場合、不倫相手は異性であり(この点は第4章参照)、職場の異性の割合が高ければそれだけ潜在的な不倫相手に出会う可能性が高まるだろう。また労働時間が長ければ、それだけ潜在的な不倫相手を見つける時間が長くなり、相手と知り合う時間をとれることになる。「男性の方が不倫しやすい」という一般的な傾向を、男性の労働時間の長さからくるものとする解釈もある。[*7] 反対に、配偶者と一緒にいる時間が長ければ不倫をしなくなることを示した研究もあり、[*8] 時間の使い方については着目すべきだろう。

配偶者から離れるという意味では、専業主婦／夫であれば自由にできる時間が増えるため、不倫をしやすくなる可能性もあるだろう。退屈な日常に飽きた専業主婦が刺激を求めて不倫をするというステレオタイプ的な像は、『マディソン郡の橋』などの文学や映画でたびたび描かれている。さらに、「現地妻」という表現があるように、出張によく行く人が（配偶者から離れる）出張先で不倫をする可能性もあるだろう。

女性にとっての自由時間、男性にとっての職場女性比率

こうした考え方は日本でも当てはまるのだろうか。実際にデータを分析して検討した。男女別に分析し、女性既婚者の結果は**表3－1**に、男性既婚者の結果は**表3－2**にまとめた。表には、係数と標準誤差、そして相対リスクを提示してある。

係数とは独立変数が1単位増加した場合の従属変数の変化の度合いを表している。表中の数値が正であればより不倫をしやすくなり、負であればより不倫をしにくくなる傾向を表す。ただし、これらの数値のうち、アスタリスク（＊）がついているものだけが、不倫のしやすさと関連している。つまり、アスタリスクがついていない場合には、不倫のしやすさとは関

表 3-1　誰が不倫をしているか（女性）

	係数(標準誤差)		相対リスク
年齢	−.062	(.052)	.940
結婚年数	.034	(.040)	1.035
子供の数	.012	(.208)	1.012
学歴(基準:中学・高校卒)			
短大・専門学校卒	−.477	(.485)	.621
大学(院)卒	−.161	(.465)	.852
配偶者との学歴差(基準:同じ)			
パートナーの方が高い	.045	(.469)	1.046
自分の方が高い	−.750	(.703)	.472
配偶者への満足感(人格)	−.450*	(.176)	.638*
配偶者への満足感(職業)	−.238	(.173)	.788
配偶者への満足感(見た目)	−.092	(.197)	.912
配偶者への満足感(セックス)	.225	(.171)	1.253
結婚前の浮気(基準:したことがない)			
配偶者以外のときにした	2.545***	(.471)	12.75***
配偶者のときにした	3.201***	(.510)	24.56***
自身の収入	.160	(.084)	1.174
配偶者との収入差(配偶者が高い)	.403	(.607)	1.496
自身が無職	−.977	(1.102)	.376
配偶者が無職	.710	(1.074)	2.034
自由になる時間	.162***	(.049)	1.176***
外向性	.288	(.148)	1.334
協調性	.401*	(.184)	1.493*
誠実性	−.248	(.166)	.780
神経症傾向	−.041	(.162)	.959
開放性	.042	(.170)	1.042
快楽主義	.241	(.153)	1.273
刺激志向	.099	(.152)	1.104
結婚前の交際人数	−.024	(.053)	.976
配偶者の年齢	−.003	(.042)	.997

N=1727。*p<.05, **p<.01, ***p<.001。配偶者と同居している人のみ。

連がないということになる。

係数をよりわかりやすくしたのが相対リスクであり、独立変数が1単位増加した場合、「不倫をしたことがない」から「現在している」というカテゴリーへの移行のしやすさが何倍高まるかを表している。1倍よりも大きければより移行しやすく、1倍よりも小さければより移行しにくいということになる。競馬のオッズといえば伝わる人もいるだろう。分析の具体的な方法や読み方については第1章の補論に記載したので、関心がある場合にはそちらも参照してもらいたい。

女性は「現在仕事をしているかどうか（専業主婦かどうか）」、そして「仕事や家庭（家事や育児）以外で自由になる時間がどれくらいあるか」を用いて分析した。男性は「仕事や家庭以外で自由になる時間」、「職場の男女割合」、「出張日数」を用いて分析した。

既婚女性回答者の分析結果を表3－1に示した。分析の結果、まず女性は、専業主婦かどうかは不倫とは関係がなく、他方で自由になる時間が多ければより不倫をしやすくなることがわかった。ここから、単に専業主婦であれば不倫しやすいわけではなく、自身の忙しさに応じて不倫をする確率が変わってくるといえる。専業主婦であっても当然家事や育児に忙殺される女性も多く、そのような女性は新たな出会いに割く時間はない。他方で時間があることは不倫を促進するといえる。

表 3-2　誰が不倫をしているか（男性）

	係数		相対リスク
年齢	−.015	(.024)	.985
結婚年数	.028	(.022)	1.028
子供の数	−.218	(.115)	.804
学歴(基準:中学・高校卒)			
短大・専門学校卒	.190	(.416)	1.21
大学(院)卒	.073	(.337)	1.076
配偶者との学歴差(基準:同じ)			
パートナーの方が高い	−.339	(.458)	.713
自分の方が高い	.068	(.238)	1.070
配偶者への満足感(人格)	−.015	(.129)	.986
配偶者への満足感(職業)	−.173	(.137)	.841
配偶者への満足感(見た目)	−.247	(.128)	.781
配偶者への満足感(セックス)	−.363***	(.096)	.696***
結婚前の浮気(基準:したことがない)			
配偶者以外のときにした	1.933***	(.245)	6.909***
配偶者のときにした	2.360***	(.304)	10.59***
自身の収入	.106**	(.032)	1.112**
自身の職業威信	−.032**	(.011)	.969**
配偶者との収入差(配偶者が高い)	1.256***	(.295)	3.510***
配偶者が無職	.004	(.677)	1.004
自由になる時間	.001	(.038)	1.001
職場の性別バランス(女性が多い)	.233**	(.085)	1.250**
外向性	.257*	(.101)	1.293*
協調性	−.041	(.111)	.960
誠実性	−.073	(.112)	.930
神経症傾向	.094	(.116)	1.098
開放性	.082	(.116)	1.085
快楽主義	.061	(.098)	1.063
刺激志向	.225*	(.097)	1.253*
出張日数	.011	(.026)	1.011
結婚前の交際人数	.092***	(.021)	1.096***
配偶者の年齢	−.007	(.028)	.993

N=1604。*p<.05, **p<.01, ***p<.001。配偶者と同居している人のみ。

既婚男性回答者の分析結果を表3－2に示した。職業に関する変数に関心があるため、働いている男性に限定して分析を行った。男性は、職場の女性割合が増えればそれだけ不倫をしやすくなるようである。男性は職場における機会に敏感であり、女性の多さが不倫のしやすさを底上げする。なお、働いている女性に限定した分析を行ったが、女性にとって職場の男女割合は関連がなかった。

職場の異性割合の効果が男女で非対称な理由として、一つには次章で論じるように男女で相手に求めるものが異なっているためと考えられる。男性は不倫相手にあまり多くを求めないため、職場の女性の割合が増えればそれだけ潜在的な不倫相手を見つけやすくなるのだろう。もう一つ、アメリカの先行研究から得られる解釈として、女性が多い職場の男性は女性よりも高い地位につきやすく、能力があると見られ、同僚からのサポートも得られやすい。一方で男性が多い職場の女性は、女性が多い職場の男性ほど周囲から好意的には遇されないことがわかっている。[*9] クリスティン・マンチとジェシカ・ヨークは、こうした職場における扱われ方の男女差が、女性が多い職場の男性の不倫のしやすさにつながっていると論じている。[*10]

一方で、仕事や家庭以外で自由になる時間や出張日数は、男性の不倫のしやすさとは関連がなかった。[*11] 男性にとっての職場滞在時間や自由になる時間は、2つの相反する意味をもっているのかもしれない。例えば職場滞在時間が増えればその分、潜在的な不倫相手を見つける確率が増えるが、同時に不倫をする暇がなくなることも意味する。出張日数も同様で、配偶者から離れる時間が増え不倫をしやすくなるかもしれないが、親しい職場の人と過ごす時間が減ることで不倫をしにくくなるともいえるだろう。このように2つの異なる方向性（不倫を促進する効果と阻む効果）があることで、両者が打ち消し合って関連が見られなくなったという可能性がある。

なぜお金もちは不倫するのか？

不倫の機会のうち、次は「コスト」について考える。不倫に関する先行研究の多くが、「収入が多ければ不倫をしやすくなる」という結果を示している。[*12] 筆者の一人が日本人を対象に行った研究でも同様に、収入が高ければ不倫をしやすくなるという正の関係が見られた。[*13]

ここで、高収入と不倫のしやすさの関係について、少し理由を掘り下げてみる必要があるだろう。デイヴィッド・アトキンスらは、収入と不倫の関連を、費用と権威という観点から解釈している。[*14] まず費用について、不倫のような秘密の関係を始めたり、維持したりするには金銭的な手段が必要であり、高収入であればそれだけ維持しやすくなると論じている。他方で権威については、高収入の人は多くの場合、高い社会的評価を得られる職業についていて、それが潜在的な不倫相手にとって魅力的に映るということである。[*15] それでは、収入と職業の社会的な評価を分けて考え、どちらの説明がより妥当かを分析してみよう。

さらに、収入と不倫の関連は男女ともに見られるものかも検討したい。不倫を含む男女間の交際関係において、男性のほうが金銭的な負担を負いやすいことを山田昌弘《やまだまさひろ》は論じている。[*16] 中村真由美《なかむらまゆみ》と佐藤博樹《さとうひろき》はこの傾向を恋人の有無において示しており、[*17] 収入が高ければ交際相手のいる確率が高くなる（年収１００万円未満と年収１０００万円以上の間には、交際相手がいる確率に22・5倍もの差がある）が、この傾向は男性のみに見られるものであった。こうした研究が不倫に対しても当てはまるとすれば、収入は男性のみに効果があると考えられる。

他方で、女性が高収入であることは、離婚によるダメージの低下につながるという考えもある。例えば上野千鶴子《うえのちづこ》は、高い経済力が女性に自由な行動を可能にすると指摘している。[*18] つまり、配偶者に経済的に依存していると、離婚を恐れてリスクのある行動をとれなくなるが、経済的に依存しなくなるとより自由な行動選択ができるということである。仮に不倫が離婚するリスクを高めるものであり、配偶者に対する経済的な依存が女性の離婚リスクの上昇を妨げる要因の一つであるとしたら、女性の高収入も男性と同様に不倫を誘引する要素になりうるのではないだろうか。

収入と職業の社会的評価の影響

それでは分析結果を見ていこう。先ほどと同様に、分析結果の詳細は表3－1、表3－2を見てほしい。まず収入について、海外や日本の先行研究のとおり、収入が高ければ男性はより不倫しやすくなることがわかった。しかし、女性には収入の効果は見られなかった。[*19]女性にとって収入は、上野千鶴子が想定するような、[*20]離婚リスクを高める行動に向かわせる効果がないということだろう。収入が男女にとって非対称的であるというこの結果は、交際関係において男性のほうが金銭的負担を負いやすいという山田昌弘の研究[*21]と整合的だといえるだろう。

収入は職業の社会的評価と直結しており、社会的評価の高い職業であればそれだけ収入が高くなる。[*22]本章の分析では、職業の社会的評価と収入を分けて分析を行った。この結果、職業の社会的評価（自身の職業威信）は、男性の不倫確率を下げることがわかった。社会的に評価の高い仕事についている人は、それだけ不倫をしなくなるということである。これはおそらく自身の評判を気にしての行動といえるだろう。ここから、先行研究でしばしば指摘されてきた収入の効果というのは、社会的評価が高い（そのため収入も高い）職業についている効果というより、単純に交際に使う金銭的な資源の効果であると解釈できるだろう。

読者の中には、職業の社会的な評価と収入の結果が矛盾しているように見える人もいるだ

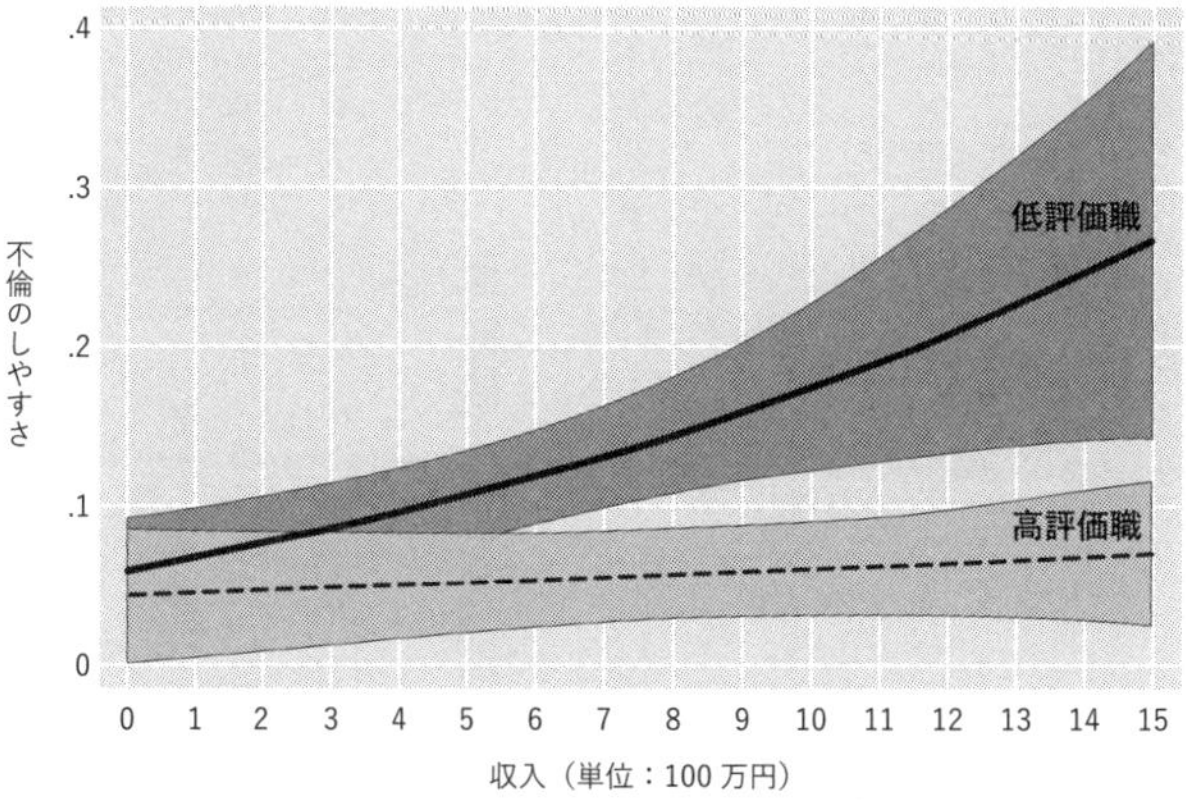

図 3-1　収入と職業の交互作用

ろう。職業への評価が高ければ多くの場合収入も高いのだが、これらの変数の効果は正反対になっている。

この矛盾した結果を検討するため、男性の回答者を対象として追加の分析を行った。新たな分析では、職業への評価と収入の「交互作用項」を追加している。これはつまり、評価の高い職業についている人とそうでない人の間で、収入の効果が異なっている可能性を探るものである。

結果を図3－1に示した。図の薄いアミのオビは高い評価の職業に従事している人、濃いアミのオビは低い評価の職業に従事している人である。職業への評価が高くとも低くとも、収入が低いと不倫をする確率は低く、収入が高くなると不倫をしやすくなる。しかしその上がり幅は職業への評価が低い人のほうが急であることがわかる。他方で職業への評価が高い人は、収入が上がったとしても不倫のしやすさはそこまで急激に上がるわけではない。ここから、職業への評価が高ければ自身の評判を気にして不倫をしなくなり、収入が増えてもその効果はあまり強くなく、逆に職業への評価が低ければ自身の社会的評価は気にならないため、収入により反応しやすくなるといえるだろう。

2 価値観――価値観理論とパーソナリティ

不倫研究において、しばしば性に関する寛容さが研究の対象となる。性に関して寛容である場合、不倫をしやすくなるというものだ。[*23] 一部の日本の研究でも、性に関する寛容さを重視する傾向がある。[*24] ただ、このような関連はあまりに当然すぎるため、あえて検証する必要もないだろう。かわりにこの節では、先行研究で指摘されているほかの2つの要因について議論を進めたい。シュワルツの価値観理論と、ビッグファイブをもとにしたパーソナリティである。

刺激を求めて不倫をする?――シュワルツの価値観理論

価値観とは、「望ましい、状況超越的な目標であり、程度の差はあれ、人々の生活を導くために用いられるもの」と定義される。[25] 国家間の価値観の差異を捉えるために様々な研究がなされており、日本において特に有名なのはオランダの社会心理学者ヘールト・ホフステードによるＩＢＭの職員を対象とした研究だろう。[26] 日本の大学でもマーケティングの授業などで使われており、耳にしたことがある人もいるかもしれない。[27]

ホフステードは国家間の文化の差異を明らかにするために、66カ国にまたがるＩＢＭの社員を対象に質問紙調査を行った。そして、その結果をもとに、文化のコアとなる要素は「権力格差」「不確実性の回避」「個人主義―集団主義」「男らしさ―女らしさ」の４つの次元（後に５つに変更）に集約できると論じた。しかし、ホフステードの研究には批判も多い。１つの会社に対する調査に基づいており、ＩＢＭの社員以外に本当に適用できるのか不明な点、また国の中でも多様性があり、そもそも国家間の文化の差異などというものが本当にあるのかという点にも疑義が呈された。[28] 加えて、ホフステードは後年中国を対象に調査を行い、「儒教的ダイナミズム（もしくは長期志向）」という新たな文化の枠組みを導入したが、[29] その取って付けたような概念や、オリエンタリズムに過ぎるという批判、そして儒教的な価値観に対する無理解から批判が続出した。[30]

ホフステードに対するこうした批判を背景に、シュワルツによる価値観研究は生まれた。

アメリカの社会心理学者シャローム・シュワルツは、ホフステードによる国家レベルの分析とは異なり、個人レベルの価値観のあり方をまず分析した。個々の人間にはどのような価値観が備わっているのかを検討し、その上で国家レベルの価値観の差異に着目したのである。[*31]分析の結果、シュワルツは価値観が10の次元に分けられることを示し（普遍主義、善行、伝統、協調・調和、安全性、パワー・権勢、達成、快楽主義、刺激志向、自己決定）、さらにこれらの価値観同士のつながりの強さや対立関係、上位概念などを設定し理論化した。[*32]

このうち「変化への開放性」という上位概念にまとめられる「刺激志向」や「快楽主義」は、特に性的な行動に関連すると考えられる。刺激志向はリスクを冒したり、新たな刺激を求めたりすることを重視する価値観を指し、快楽主義は楽しい時間を過ごすことを重視する価値観を指す。これらの価値観は、複数の異性とセックスをする傾向や、性に関する自由主義的な考え方（例えば婚前交渉やマスターベーションの肯定など）を高め、[*33]また同じ人と長期間付き合う欲求を低めることがわかっている。[*34]不倫はしばしば性的なリスク行動と捉えられるが、[*35]日本においても刺激志向や快楽主義に着目してリスク行動を検証する研究があり、それらの価値観と性的なリスク行動との関連はあってもおかしくないだろう。[*36]

それでは、刺激志向と快楽主義は本当に不倫のしやすさと関連をもっているのだろうか。シュワルツは想像上の人を回答者に提示し、その人の考え方が回答者にとってどれほど当てはまるかを質問して価値観を測定している。本書でもこの方法に則って測定を行った（詳しくは章末の補論を参照）。刺激志向は「冒険し、リスクを冒すこと、刺激のある生活が大切な人」、快楽主義は「楽しい時間を過ごすこと、自分を「甘やかす」ことが大切な人」という質問で測定した。

分析の結果、これら2つの変数のうち、刺激志向は男性の不倫のしやすさに対してのみ関連があった。他方で快楽主義は男女ともに関連がなかった。刺激志向が高ければ性的なリスクを求める傾向にあるもの、[37]こうした傾向は男性にのみ現れるといえるだろう。言いかえると、男性は不倫にスリルやリスクを感じ、それを楽しんでいるといえる。他方、不倫は快楽主義が象徴するような、「楽しさを追求した先にあるようなもの」とはいえないだろう。

パーソナリティ：不倫する性格？

次に、パーソナリティとは、一般的に人格といわれているものに近い。パーソナリティを測定するために様々な尺度が考案されてきたが、おそらく最も普及しているのがビッグファイブ性格特性だろう。[38]ビッグファイブとは人の性格特性を5つの側面、すなわち開放性、誠実性、外向性、協調性、神経症傾向に分け、それぞれの多寡に応じてパーソナリティの組み合わせを形成するものである。開放性とは知的や文化的に新しい経験に対して開放的な傾向、誠実性は責任感があり真面目で勤勉な傾向、外向性は自身の関心が外界に向けられている傾向、協調性はバランスをとりながら協調的な行動をとる傾向、そして神経症は落ち込みやすさなど感情面・情緒面で不安定な傾向を指す。

アメリカの心理学者デイヴィッド・シュミットはビッグファイブを不倫研究に応用し、世界52カ国を対象に分析を行った。*[39] その結果、協調性と誠実性の低さが各国で共通して不倫しやすさと関連しており、他方で神経症傾向や開放性、外向性は不倫のしやすさとは関係していないことを示している。これは世界各国でも、東アジアに限定した分析でも同様の傾向である。シュミットはこうした結果について、協調性と誠実性の低さは衝動的な欲求に基づく行動と強く関わっており、このため不倫にも関連があると解釈している。

しかし、シュミットの分析とは異なる結果を示した論文もある。例えば神経症傾向が不倫行動に関連していることが報告されている。*[40] 神経症傾向にある人は性に対して寛容であった*[41]り、配偶者に対して性的な不満足を覚えやすかったりする*[42]ため、不倫に走りやすいと考えられる。

最後に外向性と開放性だが、前述のシュミットの研究では両者は不倫行動と関連がなかったものの、トリシア・オルゼックとエスター・ラングの不倫経験者と非経験者を比較した論*[43]文では、この2つのパーソナリティ特性が経験者のほうで高かった。特に外向性は異性愛パートナー間の性交の回数と関わっていることがわかっており、[44] これは外向性が高ければ向社会的な行動をとるからだと考えられている。[45]

これらの研究から、性格特性はどれも不倫行動に関連する可能性をもっているといえる。本章では日本のデータを使い、5つの特性のうち不倫と関連するパーソナリティを検証してみたい。

パーソナリティ：男性の外向性と女性の協調性が促進

分析結果の詳細は前出の**表3－1**、**表3－2**を見てほしいが、パーソナリティを測定するビッグファイブの5因子のうち、男性には高い外向性が不倫と関連があり、一方女性には高い協調性と不倫の関連が示された。

外向性は、関心が外部に向けられているかどうかを指すが、すでに述べたとおり、先行研究では外向性と異性との性交渉の回数には正の関連があることが示されている。[46] 外向性が高いと異性と交際する際に有利に働き、結果としてより多く性交渉をすることが可能になると解釈されており、本研究もそれを支持した形になった。さらにこの先行研究では、男性のほうにより外向性が強く働くことも示されており、男性にしか効果がないという本研究の結果と整合的といえるだろう。

表 3-3　**女性の協調性と不倫に誘った人の関係**

	不倫関係を求めたのは…			合計
	自分から	相手から	どちらともなく	
協調性：低	3（1.34%）	9（31.03%）	17（58.62%）	29（100%）
協調性：高	0（0.00%）	25（71.43%）	10（28.57%）	35（100%）

χ^2=11.886, p=.003

協調性に関しては女性に対してのみ関連があり、不倫を促進させる方向に働いていた。これは先行研究が示した結果と異なるものである。協調性が高い人は衝動的な欲求に基づく行動を抑制するために、不倫をしないと考えられてきた[*47]。

女性は多くの場合、不倫関係に誘われる側であるため、高い協調性が相手からの誘いを断れない方向に働き、不倫を始めているのだろうか。この点を検討するため、現在不倫をしている女性に限定して、協調性が高いかどうか（平均値より上か下か）と不倫をどのように始めたかという変数との関連を見た（詳しくは第4章参照）。**表3-3**に示したように、協調性の低い女性はどちらが不倫に誘ったともなく不倫を始めているのに対して、協調性の高い女性は相手から誘われて始めたと答える割合が高かった。これは統計的にも意味のある差であった。さらに他のパーソナリティ変数でも同じような検定を行ったが、統計的に差が出たのは協調性のみだった。ここから、協調性の高い女性は、その協調性の高さゆえに、相手との関係を壊さないようにと、相手からの誘いを断りきれず、不倫を始めてしまっているのではないかと考えられる。

3　夫婦関係――コミットメントと社会経済的な関係

ここまでは収入やパーソナリティなど、個人の要因に着目して不倫のしやすさを分析してきた。しかし結婚関係は夫と妻という二者間で成り立つものであり、個人の要因にのみ着目するのでは不十分だろう。例えば離婚の理由として男女ともに最も多く挙げられ、ここ40年間不動の首位を保っているのは「性格の不一致」であり[*48]、こうしたことからも夫婦間の軋轢《あつれき》が不倫の要因となっている可能性が十分考えられる。ここでは夫婦関係を「コミットメント」と「社会経済的な関係」に限定し、これらの要因がどのように不倫と関わっているかを見てみよう。

コミットメントを決める三要素

キャリル・ラズバルトは恋愛や婚姻関係をコミットメントとして解釈した。[*49] 結婚におけるコミットメントとは、現在の関係性にとどまりたいという気持ちやとどまらなければならないという規範意識などを指す。[*50] コミットメントは、関係をもつ相手（配偶者など）を投資対

コミットメント＝
相手から得られると期待される満足感＋関係に対する投資量
—投資対象以外の可能な選択肢の価値

図 3-2　コミットメントの等式

象とみなし、その関係から得られると期待される満足感、関係に対する投資量（時間や関係へ費やした資金、感情的な関わりなど）、投資対象以外の可能な選択肢（つまり将来的な不倫相手）の価値によって形成されている（図3－2参照）。このコミットメントの等式から満足感や投資量が高く、投資対象外の選択肢の価値が低い場合、投資対象に対して強いコミットメントをもち、現在の関係にとどまりたいと強く思えるということがいえる。[*51]

これを婚姻関係に当てはめると、現在の配偶者への満足感が強く、関係への投資量が高く（結婚の期間が長い、相手に使ったお金が高額、など）、かつ不倫相手など配偶者以外の選択肢の魅力が低ければ（もしくは存在しなければ）、現在の配偶者に対するコミットメントは高くなるといえる。コミットメントが高くなれば、現在の配偶関係を保ちたいという意識が働き、不倫を避けるようになる。[*52]

コミットメントを形成する3つの次元のうち、満足感について特に盛んに研究が行われている。満足感は複数の指標で測定されており、夫婦関係への満足度を直接尋ねたもののほか、[*53]セックスの頻度、[*54]会話時間[*55]などが用いられている。これらの変数と不倫との関係は比較的一貫しており、満足度が高ければ、またセックスや会話の頻度が高ければ不倫をしない。要するに配偶者から得られる満足感が高ければ不倫をしないということで、これは直感的に納得でき、実感に合った結果だろう。反対に、夫への／妻への不満から不倫をするというのはよく聞く話のように思える。

次に夫婦関係への投資量だが、家庭において特に重要な要素は子どもの存在である。これは夫婦関係というよりは家族関係に対する投資といえる。子どもがいることで家族関係に対する金銭的・時間的投資量は飛躍的に増加し、また夫婦関係以外の選択肢を心理的に選びにくくなるといえるだろう。実際に過去の研究でも、子どもの有無や人数[*56]が夫婦関係にとって重要な要素となっていることが示されている。日本では「子はかすがい」というように、子どもの存在が夫婦関係を取り持つものとされており、不倫に対する一定の歯止めになっている可能性が指摘できる。

さらに子どもの有無に加えて、結婚後の経過年数も投資量に含まれるだろう。結婚年数が長ければその分、配偶者に対して支払ってきた時間的・金銭的コストも高くなると考えられる。その値が高ければ高いほど、離婚につながるような不倫をためらうかもしれない。アメリカ人男性を対象にした研究でもこの傾向は支持されている[*57]。しかし結婚年数が不倫に対してもつ効果は、逆の可能性もあるだろう。結婚年数が長くなるほど相手への飽きがきたり、不満が溜《た》まったりして、不倫に走るという可能性もある。

最後に投資対象以外の魅力度だが、ここでは現在や将来の不倫相手の魅力度を指す。図3−2の等式によれば、不倫相手が魅力的だと、現在の夫婦関係へのコミットメントが低下するということになる。ただしこの概念は、不倫をするかどうかが研究関心である本分析に組み込むことが難しい。なぜなら、不倫相手がいない人も本分析に入っており、そうした人にとって、不倫相手の魅力度を測ることができないからだ。そのため、本章ではコミットメントを決める三要素のうち配偶者への期待満足度と関係への投資量の二要素から不倫のしやすさについて分析する。投資対象以外の魅力度については、不倫をしている人に限定した分析を行う第4章を見てもらいたい。

ちなみに筆者の一人が日本人を対象に過去に行った研究では（五十嵐〔2018〕）、配偶者に対する満足感や子どもの有無でコミットメントを測定し、これらと不倫との関係がないことが示されている。しかし、五十嵐は夫婦間の満足感を会話とセックスの頻度を用いて分析しており、夫婦関係の測定としては一面的といえる。そこで本章では、配偶者への満足感を、人格、職業、見た目、セックスという4つの次元から検討してみよう。これに加えて、投資量を子どもの有無と結婚年数を使って検討したい。

女性は人格、男性はセックスが肝心

これについても分析結果の詳細は再び表3－1、表3－2を見てほしいが、配偶者に対する満足度は、女性と男性の間で非常に対照的な傾向となった。まず女性は、配偶者の人格に対する満足度が低ければより不倫をしやすい結果となった。他方で男性にとって、配偶者の人格に対する満足度は不倫のしやすさと関係がなく、かわりに配偶者とのセックスに不満をもっている人は不倫をしやすいという結果となった。女性にとって配偶者とのセックスに対する満足度は効果がなかった。

第4章でも触れるが、セックスを中心とした関係である不倫において、男性のみが性的な不満足を要因として不倫しやすくなる一方で、女性にとって性的な満足感は関連がないという結果は興味深い。男性と女性で不倫相手に求めているものが異なっているとも考えられる。男女で人格とセックスに対する満足度が異なる効果をもつ一方で、配偶者の職業と見た目に対する満足度は不倫のしやすさと関連をもっていなかった。これはつまり、仮に配偶者の見た目が非常に魅力的だったとしても、もしくは職業が誇れるようなものだったとしても、不倫をするときはするし、しないときはしないということである。

最後に、子どもの数や結婚年数は不倫のしやすさと関連がないことが明らかとなった。

「子はかすがい」とよくいうが、不倫においてこれは当てはまらないといえる。親が不倫をするかどうかは、子どもに関わりのないことなのである。結婚年数と合わせて、関係性や家族に対する投資量は不倫のしやすさと関連しないと考えて良いだろう。

収入差が不倫を促す?

配偶者との関係は夫婦間の情緒的なつながりだけではなく、社会経済的な関係も同様に重要だといえる。機会の節では自身の収入のみに着目したが、夫婦間の社会経済的な関係、例えば夫婦間の収入差や学歴差をここでは検討してみよう。夫婦間の社会経済的な関係と不倫については、いくつかの理論的な可能性がある。一つは社会的交換理論であり、もう一つはアイデンティティ理論に関連したものである。

社会的交換理論とは、市場における交換を恋愛などの人間関係に応用したもので、感情や情熱、金銭、移動、家事などの資源を相互に交換し、関係を形成していると考える。[*58] これは、「見た目が魅力的な女性が裕福な男性と結婚する」といった、ステレオタイプ的なカップル観に代表されるだろう。[*59] この場合、女性の外見と男性の金銭が交換されて関係が形成されているわけだ。

この理論によれば、資源を多くもつ側は関係性において権力をもち、資源の乏しい側は資源をもつ側に依存することとなる。ここから、相対的な資源の差異が高まれば、資源をもつ側は、関係をリスクに晒《さら》すような行動もとりやすくなる。夫婦間の教育差を検討した研究があり、女性が男性よりも高学歴の場合、女性のほうがより不倫をしやすいことがわかっている。これは高学歴がもたらす力関係の不均衡からきていると解釈されている。[*60] また男性のほうが収入が高い場合、夫婦関係において男性のほうが権力をもっており、そのため不倫しやすくなると解することもできるだろう。

他方、アイデンティティ理論からは異なる予想が立てられている。アメリカのデータを分析したクリスティン・マンチは、男性が自身の配偶者である女性よりも収入が低い場合、男性はより不倫しやすくなることを示している。[*61] マンチは社会的アイデンティティ理論を理論的背景に、個人は自身のアイデンティティと整合的な行動や環境にあることを望むと論じた。夫にとって一家の稼ぎ手であることは自身の男性アイデンティティと整合的であり、他方で妻の収入の方が高い場合、自身の男性アイデンティティが脅《おびや》かされるという認識をもつ。その結果、自身の男性性を回復させるため、男性は不倫をはじめとする男性性を表出できる行動に走るという。[*62]

日本のデータを用いて筆者の一人である五十嵐が同様の結果を示しているものの、ここで使われたデータは相手のほうが収入が高いかどうかという選択式の質問であり、実際の収入差ではない。本章では夫婦間の収入差を実際に計算して、同じような結果が出るか確認してみたい。加えて夫婦間の学歴差を検討し、アメリカの研究のように、女性の学歴が高い場合には、女性がより不倫するという傾向があるかを検討したい。

男性アイデンティティの喪失が不倫を促す

表3－1、表3－2に示したように、夫婦の社会経済的関係として、配偶者との学歴差および収入差を分析した結果、アメリカにおける先行研究とは異なり、夫婦間で学歴の差が大きければ不倫をするという傾向は、男女ともに見られなかった。

収入差については男女で結果が異なる。まず、女性については、自分自身の収入が夫に比べて高いと不倫をするという傾向は見られなかった。これはつまり、配偶者よりも自身の学歴や収入が高かったとしても、「夫婦関係において権力をもつような感覚になり、不倫をする」といったメカニズムが働きにくいことを意味する。

他方で男性には、配偶者の収入が自身の収入よりも高い場合、自身が不倫をしやすくなる傾向が見られた。これはアメリカにおける先行研究や[63]、日本でのより粗い尺度を使った研究[64]を再現する形となった。先行研究の解釈では、男性は自身が「本来であれば家庭の稼ぎ頭である」という性役割アイデンティティをもっているが、妻のほうがより稼ぐ場合はそのアイデンティティを奪われ、男性アイデンティティの回復を不倫という行為に求めるようになる。

本章の結果は、アメリカで行われた過去の研究と比べて特徴的なものといえる。アメリカ人を対象に行われた前述のマンチの分析では、男女ともに配偶者の収入の高さによって不倫しやすくなることがわかっているからである。マンチは男性のほうに配偶者の収入がより強く効くためにアイデンティティ理論から説明できると議論したが、男性アイデンティティの効果で説明するのならば、男性にのみ配偶者との収入差が効かなければならない。しかしアメリカの分析では女性にも配偶者との収入差が効いていたのである。

一方で、男性のみに配偶者との収入差が効いているという本章の分析結果は、アイデンティティ理論とより整合的である。これはおそらく、日本において性別に対して付与される役割がより偏っているからだと考えられる。例えば1953年から1982年にかけてのデータをもとに日米での男性の役割に着目した分析では、不況時に日本人男性の自殺のみが増加し、アメリカ人男女や日本人女性の自殺率は増加しないという結果が得られている。[*65] これはつまり、日本ではアメリカよりも性別役割期待が高く、そのため「稼げない自分」という自身の状態の認識と、社会における男性役割期待との齟齬《そご》が、日本人男性の自尊感情を著しく低下させ、自殺につながると解釈できる。日本社会では男性の「一家の稼ぎ手」という役割がアメリカ社会よりも明示的に求められており、その期待に反する結果、自殺に向かったり、不倫が行われたりすると考えられるだろう。

4 その他の要因――結婚前の遍歴、年齢、学歴

ここまで機会・価値観・夫婦関係のフレームワークに則って、先行研究の整理と総合調査に基づく分析を進めてきた。これ以外にも不倫と関連のある要因はあるだろう。ここでは、結婚前の浮気経験、彼氏／彼女の数、年齢、本人学歴に着目して考察と分析を進めたい。

結婚後は真面目になる?

人々の行動は、結婚前後で変わるだろうか。一般によくいわれるのが、結婚前に遊んでいた人は結婚をきっかけに真面目になる、というものである。映画や小説などでも、「運命の相手」を見つけた遊び人が、その人と結婚するために改心するというのはよくあるプロットだろう。

これは社会学でも言及されている。第1章でも触れた谷本奈穂の『恋愛の社会学』は90年代以降における恋愛関係の外にある性交渉(「遊び」)の増加に言及する一方で、安定した夫婦関係を維持するためにこうした「遊び」は結婚後行われないことを指摘した。[*66] 結婚前の遊

びは許されるが、結婚後の遊びは許されないというように、結婚が遊びを裁定する役割を担っており、そのために結婚の重要性がより強調されるという構図になっている、というのが谷本の議論である。「結婚は「遊び」の終わりであると同時に「真面目」の始まり」なのだ（谷本〔2008〕）。

それでは、結婚は本当に浮気をやめる契機となるのか。ここでも前節と同様に、結婚前の浮気経験（つまり彼氏／彼女がいる状態でほかの人とセックスすること）がある人とない人の比較を通して、結婚後不倫をしやすくなるかどうかを検証してみたい。

浮気経験者は不倫しやすい

表3－1、表3－2に示した分析の結果、結婚前の浮気経験は、男女に共通して、不倫を促進する強い影響をもっていた。男女ともに、結婚前に浮気をした人、つまり彼氏や彼女がいるにもかかわらずほかの人とセックスをしたことがある人は、そうではない人に比べて結婚後、圧倒的に不倫をしやすい。加えて、浮気をしたときの交際相手が現在の配偶者かどうかという視点からも分析したところ、現在の配偶者と交際中に浮気をした人のほうが、結婚後、より不倫をしやすいことがわかった。

谷本は『恋愛の社会学』で、結婚前に遊んでいたとしても、結婚という契機を挟むことによって遊ばなくなると論じたが、分析の結果は逆である。結婚前に遊んでいた人は結婚後もその遊びを継続させやすいといえる。結婚は個人の行動が変わるほどの契機にはなっておらず、結婚前の行動がそのまま持続しているといえる。ただ、これは結婚前に浮気をしていなかった人と比較しての話であり、浮気をしていた人の中にも結婚を契機に真面目になった人もいるだろう。そういう人にとって結婚がもつ意義は、谷本が主張するものに近いだろう。

結婚前の浮気経験は不倫と非常に強い関連をもっていたが、それでは人はどういう条件下で浮気をするのだろうか。ここで新たなデータセットを用いて追加の分析を行った。データは2011年に行われた「第7回青少年の性行動全国調査」である。青少年の性行動全国調査は、1974年以来6年おきに全国の中学校〜大学生を対象にして行われてきた調査であり、性にまつわる様々な質問項目を含んでいる。ここでは彼氏／彼女がいる高校生と大学生を対象に分析を行い、性交渉をしている相手が1人か複数かを検討している（分析の詳細は注を参照[*67]）。結論のみを述べると、性に関する情報を友人から得ている人はより浮気をしやすいことがわかった。性的な問題についてより開放的なネットワークに埋め込まれていると、それだけ自身の行動も変わるといえそうだ。その他の、異性や同性の友人数、情報の入手経路としてのポルノやインターネットなどは関連がなかった。

年齢と学歴は無関係

今回の分析では、ほかにも複数の変数（年齢、本人学歴、結婚前の彼氏／彼女の数）をモデルに入れており、それらの結果も簡単に紹介する。

まず年齢だが、これは不倫のしやすさに関連がなかった。年齢が上がろうが下がろうが、特に不倫のしやすさには関連がないといえる。しかし、巷では「40代が最も不倫しやすい説」が流布しており、[*68] これも検証してみる必要があるだろう。実際に今回収集したデータで不倫をしている人を年代別に見たとき、40代の割合が最も高かった（不倫をしている既婚女性のうち、40代が31・03％、既婚男性は31・44％）。**表3－1、表3－2**に示した分析では、年齢を連続変数として（つまり1歳年をとることと不倫しやすさの関連）使っているが、このほかに20代・30代というように年代で区分けした分析を追加で行った。結果として、40代が不倫をしやすいという傾向は男性のほうでは確認できなかった。女性のほうでは、40代のほうが60代・70代と比べて不倫しやすいという結果が得られたが、その他の年代と比べてより不倫しやすいという結果は得られなかった。ここから、年代と不倫のしやすさには特に強い関連があるとはいえないだろう。

次に学歴だが、今回の分析では効果がなかった。最終的に卒業した学校が高校だろうが大学だろうが、男女ともに不倫を促進／阻害する効果がないということである。これは筆者の一人である五十嵐が過去に行った研究結果とは異なっている。五十嵐の分析では、最終学歴が上がるにつれて男女ともに不倫をしなくなるという結果であった。しかしこの研究では対象者の偏りがあったため、本研究の結果のほうがより確からしいといえるだろう。

最後に、男性のみに結婚前の交際人数が、効果があるとわかった。結婚前の交際人数が多ければ多いほど、男性は結婚後に不倫をしやすいということである。これは多くの場合、男性が誘う側であり（第4章参照）、交際人数が多ければそれだけ不倫へ相手を誘うスキルが高くなっているからではないだろうか。

＊

本章では、何が不倫を促すのかを検証した。先行研究が中心的に扱っている機会、価値観、夫婦関係をもとに予想を立て、実際に収集したデータを分析して、それらの予想が正しいかを統計的に検定した。これらの結果を用いて総合的に何がいえるだろうか。

まず男性の置かれた社会的な状況が不倫と関連しているのではないか。これは男性のみに収入や職業、職場の異性割合などの効果があり、加えて自身より配偶者の収入が高い男性が不倫しやすいことから導き出される結論である。いまだに日本社会において夫婦間では男性が稼ぐことがより一般的であると考えられており、男性は自身の社会的地位をあるべき男性像、つまり仕事をしていて一定程度収入を確保している男性像と比較して捉える。そのため不倫関係においても、男性が交際費用を払うほうが一般的であるために収入の効果が見られ、自身の社会的評判を気にするために職業威信が負の効果をもち、さらに配偶者よりも自分の収入が低ければ男性性を取り戻すために不倫をするのだといえる。これは男性をとりまく社会的な状況が男性の行動を決めているともいえるだろう。

また、配偶者への満足感の効果が男女で異なることも興味深い。男性はセックスの満足感、女性は人格への満足感が不倫のしやすさと関連している。次章で見るように、男女はこれらの満足感が配偶者から得られないために不倫を行い、不倫相手から充足を得ている。これは言い換えると、男女間で、不倫をしてまで配偶者から得たいものが異なっているということだ。女性は配偶者に精神的なつながりを、男性は肉体的なつながりを求めていると考えられる。

次章では、不倫相手はどのような関係の、どのような人であるのかを、データをもとに論じていきたい。

ここでは第3章の記述のもととなった分析の詳細を紹介する。

分析手法

データは第2章で紹介した総合調査と同様のものを用いる。対象者は6651人の既婚者である。このうち、以降で述べるように男性は仕事をしている人に限定して分析する。

本章で論じたように、複数の要因が不倫行動と関わりがあると考えられる。しかしこれらは、「きっかけ」などのように、あくまで抽象的な水準にとどまっている。分析するには、複数の要因を具体的な変数に落とし込む必要がある（これを操作化と呼ぶ）。具体的に見ていこう。

「きっかけ」を見るために、女性は、現在仕事をしているかどうか、そして自由になる時間がどれくらいあるかを用いる。後者は仕事や家事の時間を除いた時間を聞いている。男性は、自由になる時間、1ヶ月あたりの出張日数、そして職場の男女割合（男性のほうが多いか、女性のほうが多いか）を用いる。「費用」は男女ともに昨年の個人年収、そして男性は自身の職業威信も用いる。すでに述べたとおり職業威信とは職業に対して与えられる社会的な評価を指す。作成には、1995年版SSM職業威信スコアを用いた。図3－1の低評価職は40、高評価職は80を代入して作成した。

価値観のうち、シュワルツの価値観理論から刺激志向と享楽主義を用いる。シュワルツは想像上の人を回答者に提示し、その人の考え方が回答者にとってどれほど当てはまるかを質問し価値観を測定している。刺激志向は「冒険し、リスクを犯すこと、刺激のある生活が大切な人」、享楽主義は「楽しい時間を過ごすこと、自分を「甘やかす」ことが大切な人」という質問に対する賛成度合いで測っている。

次にビッグファイブ・パーソナリティだが、これは小塩真司《おしおあつし》らが作成した日本語版Ten Item Personality Inventory（TIPI－J）[*69]を用いた。外向性は「活発で、外向的だと思う」「ひかえめで、おとなしいと思う」という質問を平均したもので、後者は回答の得点を反転して操作化した。協調性は「人に気を使う、やさしい人間だと思う」「他人に不満をもち、もめごとを起こしやすいと思う」という質問、勤勉性は「しっかりしていて、自分に厳しいと思う」「だらしなく、うっかりしていると思う」という質問、開放性は「新しいことが好きで、変わった考えをもっと思う」「発想力に欠けた、平凡な人間だと思う」という質問、そして神経症傾向は「心配性で、うろたえやすいと思う」「冷静で、気分が安定していると思う」という質問で測定した。

夫婦関係のコミットメントは満足感、子ども、結婚後の経過年で操作化する。まず配偶者に対する満足感を①人格、②職業、③容姿、④セックスの4つの次元に関して聞いている。質問紙上ではほかにもいくつかの次元について質問しているが、4つの次元との相関が高すぎたため、本書の関心に沿って変数を限定した。これに加え、子どもの人数、結婚後の経過年も同時にモデルに投入する。子どもの人数や結婚後の経過年が高ければ、それだけ関係に対して投資をしているといえるだろう。

次に夫婦の社会経済的関係については、夫婦の収入の差異を用いて分析する。これは夫婦間の年収差を、総年収で割ったものとして操作化している。学歴差は、学歴カテゴリーで見た際の夫婦の学歴差を用いて操作化している。

最後に、結婚前の浮気経験について、一度もしたことがない人、現在の配偶者以外と交際中にほかの人とセックスした人、そして現在の配偶者と交際中にほかの人とセックスした人という3パターンで操作化する。加えて、自身の年齢と配偶者の年齢、配偶者が有職かどうか、結婚前の交際人数をモデルに投入して分析する。

分析手法として、多項ロジスティクス回帰分析を用いる。これは、「不倫を今までしたことがない」というカテゴリーに比べて、どういう人が「過去にしたことがある」や「現在している」というカテゴリーに移行しやすいのかを分析するものである。表3−1、表3−2では簡便化のため、「不倫を今までしたことがない」人と「現在している」人との比較のみを示した。ここで分析に際していくつか注意がある。分析の中から、不倫相手と出会った場が風俗店である回答者は除いた。これは一般的に考えられている不倫のイメージと合致させるためである。次に既婚者のうち配偶者と同居している回答者に限定している。単身赴任と不仲からくる別居との差異化が困難であったため、このような限定を行った。また結婚前の交際人数は100人未満とし、100人以上は外れ値として除外した。最後に、不倫相手と最後にセックスをしたタイミングが結婚前であるという回答者を、不倫の定義に合致しないため除外した。

分析結果

本章の分析では、女性は配偶者の人格への満足度（負）、結婚前の浮気経験、自由になる時間、協調性の4つの要素が不倫行動と関連していた。次に男性は収入、配偶者との収入差、職業威信（負）、配偶者のセックスの満足度（負）、結婚前浮気経験、職場の性別バランス、刺激志向、外向性、結婚前の交際人数という9つの要因が不倫行動と関連していた。これらの結果は本文にて言及されている。

また、年収や職業威信、学歴などは時系列的に相互に密接に関わり合っており、そのためこれらの変数を同時に入れることによって問題が生じる場合もある。そのため、あくまで傍証に過ぎないものの、これらの変数をそれぞれ別個にモデルに入れて分析してみた（例えば、年収を見る際には職業威信と学歴を抜く、など）。男性の年収、職業威信はそれぞれ有意な関連があり、学歴はなかった。女性はどのパターンでもそれぞれの変数に関連がなかった。

第4章　誰と、しているのか——同類婚と社会的交換理論

第3章では、既婚者のうち現在不倫をしている人と今まで不倫をしたことがない人とを比べて、どのような人であれば不倫をしやすいかを分析した。その際分析に使用した総合調査のデータでは、不倫をしたことがある人に対して、不倫相手に関する情報を細かく聞いている。このデータを使い、本章と続く第5章では、不倫を現在している人やこの1年間で不倫をした人に対象を絞り、不倫の実態についての詳細な記述を行う。

第4章では、不倫がどのように始まるのか、不倫相手はどのような人なのか、そして不倫相手に何を求めているのかを検討しよう。

1　不倫のはじまり

結婚相手との出会い方

出会いの場所は不倫だけでなく、交際や結婚の研究において重視されてきた。出会いの場所に応じて、相手の学歴や職業なども変わってくるし、そもそも出会わなければ交際も結婚も発生しないからだ。それでは、不倫相手との出会い方は、結婚相手との出会い方と異なるのだろうか。まずは結婚相手との出会い方について概観した上で、不倫相手との出会い方と比較してみよう。

図4－1は結婚相手との出会いの場を見たものだが、国立社会保障・人口問題研究所が5年に1度行っている出生動向基本調査に基づいている。[*1] 同調査は結婚や出生にまつわる様々な情報を調査しているが、このうち過去5年間に結婚した夫婦が出会ったきっかけを紹介する。なお図中の2021aは2015年7月から2018年6月に結婚した夫婦、2021bは2018年7月から2021年6月の結婚を意味している。この間にCovid－19、いわゆる新型コロナウイルスの感染拡大が起こった。

日本では、将来配偶者になる相手との出会い方は、時代とともに変わっている。戦前から

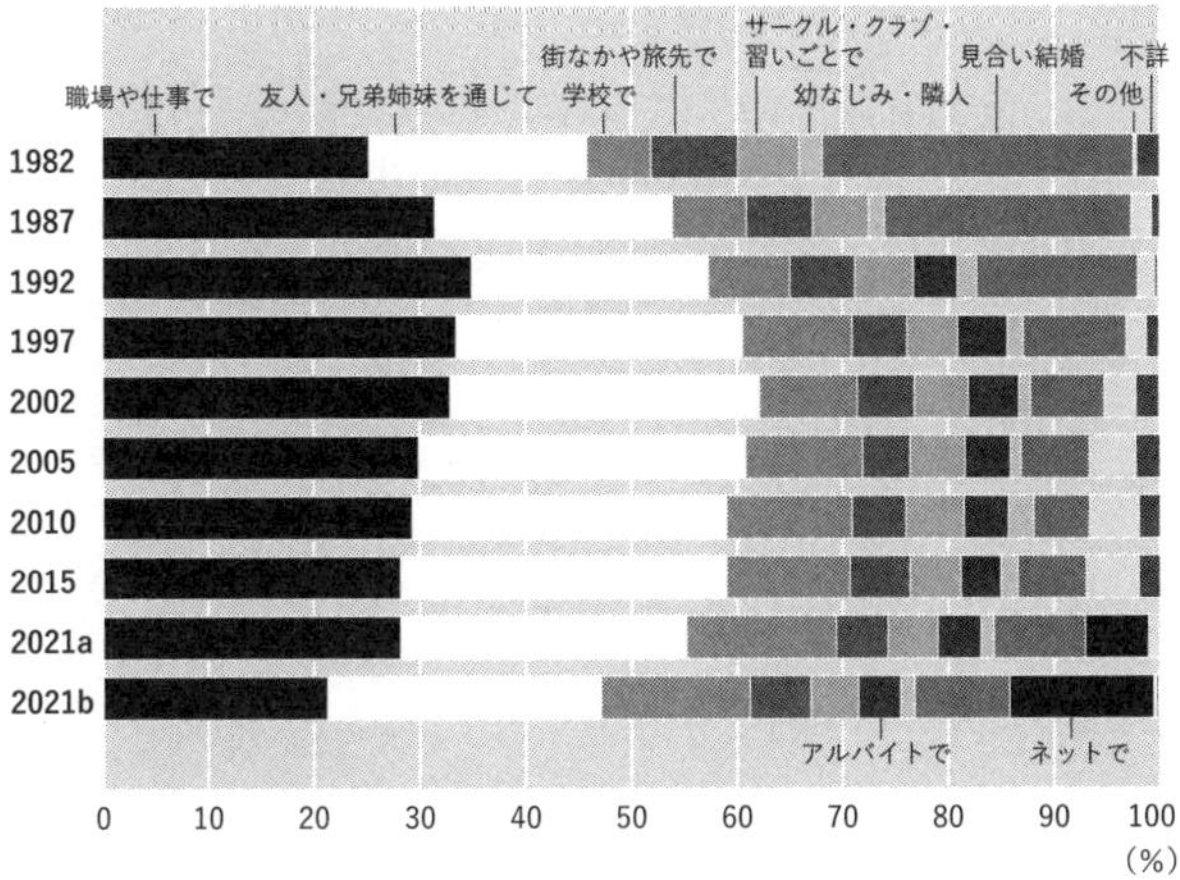

図4-1　結婚相手との出会いの場

（国立社会保障・人口問題研究所「出生動向基本調査」をもとに作成）

戦後十数年にかけては見合い結婚が主流であったものの、徐々に隆盛した恋愛結婚によって１９６０年代後半にはその地位が取って代わられている。その後もお見合いは年代を通じて減少傾向にあり、**図4―1**に示したように、１９８２年には30％近くを占めていたが、２０１０年には５・２％にまで縮小している。では、誰と恋愛し、結婚に至っているのか――幼馴染《おさななじみ》か、学生時代の友人か、それとも職場の同僚だろうか。

図4―1によると、職場での出会い（職縁）が長期にわたり主流であることがわかる。１９９２年には職縁が35％に達している。しかし、近年出会

いの場は変わってきている。２０１５年調査では、職場・友人・学校を合計した割合は7割とほぼ変わっていないものの、職場の割合が28・２％に減少する一方で、学校を通じた出会いが11・７％、友人・兄弟姉妹を通じた出会いが30・８％と増加している。

こうした伝統的な恋愛結婚の出会い方に加えて、新たに隆盛してきたのがインターネットを通じた出会い方だ。２０１５年から２０１８年の間に結婚した夫婦のうち、６％がインターネットを通じて出会っている。さらにこの値は、２０１８年から２０２１年の間に結婚した夫婦では13・６％に増加している。あくまで割合であり、この間に婚姻件数が低下したことを加味して解釈しなければならないものの、結婚相手と出会う場として重要な意味をもっていることはまちがいない。[*2] ただ、日本においてインターネットを通じた出会いが浸透し受容されたのは比較的遅かった。アメリカでは２００５年から２０１２年にかけて結婚した夫婦のうち、実に約35％がインターネットを通して出会っており、浸透の度合いの違いがわかるだろう。[*3]

不倫相手との出会い方

それでは、結婚相手との出会い方と、不倫相手との出会い方とはどのように異なっているだろうか。出会い方の違いを見ることによって、不倫をするようになった経緯も見えてくる

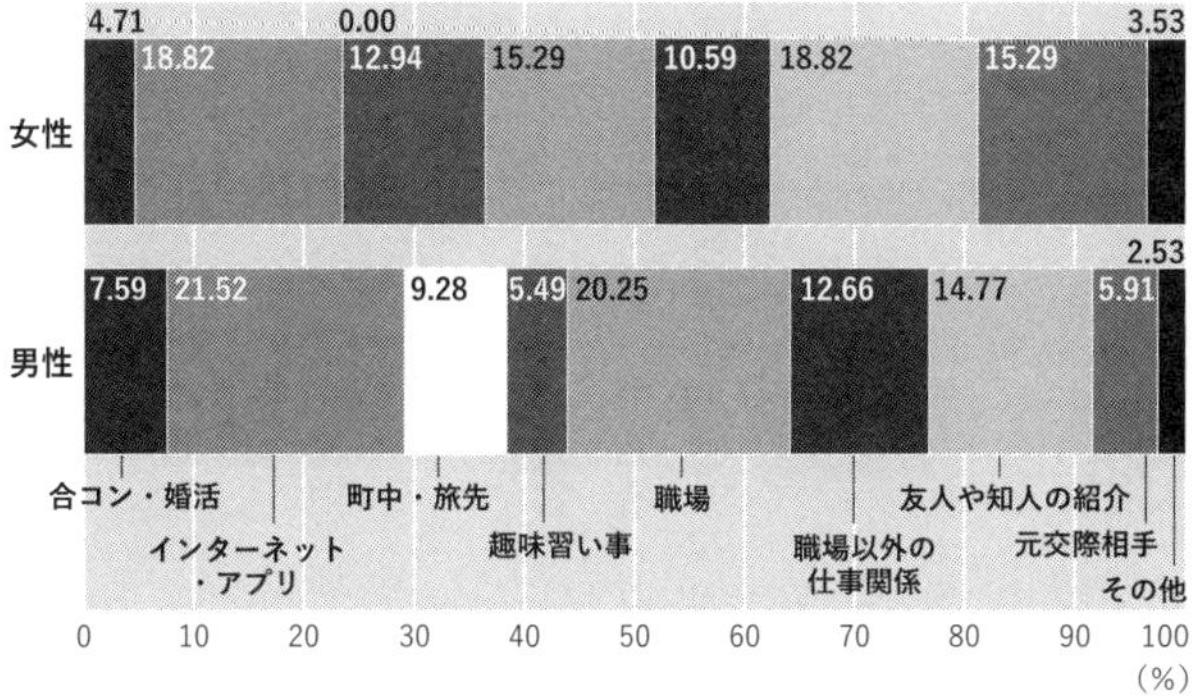

図 4-2　不倫相手との出会いの場

かもしれない。第3章で紹介した総合調査のデータを用いて、不倫相手とどのような場所で出会ったかを検討しよう。なお、本章では分析対象を「現在不倫をしている人」と「この1年間のうちのどこかで不倫をやめた人」[*4]に限定する。この結果、サンプルサイズは、既婚男性は237人、既婚女性は85人となっている。

「配偶者以外で最も直近にセックスをした人とのご関係について尋ねます。その相手とどのように出会いましたか」という質問への回答結果を、男女別に図4−2にまとめた。インターネットやアプリを通して会う人が男女で最も多く(既婚女性は友人や知人の紹介と同率)、既婚男性は全体の約22%、既婚女性は約19%を占めている。前項で見た配偶者との出会い方と比較すると、インターネットやアプリであれば、職場や友人のつながりなど日常の人間関係が絡んでいない分だけ相手を探しやすいのかもしれない。

インターネット・アプリ以外の主たる出会い方は男女で傾向が異なる。まず既婚女性について見てみよう。既婚女性は特定の出会いの場に集中しているというより、まんべんなく広がっている。友人・知人の紹介から不倫に発展するケースはインターネットやアプリと同様に多く、続いて元交際相手や職場、そして趣味や習い事の場で出会うという人が多かった。一方で、町中や旅先でのいわゆるナンパから不倫に発展することは、既婚男性とは違い、ほぼなかった。

既婚男性は第3章でも見たように、職場での出会いが比較的多くなっている点が既婚女性との目立った違いである。取引先といった職場以外の仕事関係も同様に多く、こうした男女の違いは既婚男性の労働参加率のほうが高いことに加えて、職場滞在時間が長く、そのため職場以外での機会が少ないために生じている可能性がある。既婚女性と比べて全体的に仕事関係以外の出会い方、つまり元交際相手や趣味・習い事、友人や知人の紹介は比較的少ないのである。また既婚女性と最も異なる出会い方として、町中や旅先での出会いが約9%にのぼっている点が挙げられるだろう。男女の行動様式の違いとして理解できるかもしれない。

結婚に至った出会い方と比較してみよう。前項ですでに述べたように、結婚に至った主たる出会い方は職場と友人・兄弟姉妹の紹介で、ともに約3割であった。不倫相手の出会いの場も同様にして3割程度が職場や職場以外の仕事関係であることがわかった。一方、友人や知人の紹介は男女ともに職場関係の半分程度の割合になっている。これは例えば、不倫相手と共通の友人をもつことによって、規範意識が働いたり、将来的な罰を恐れてのことかと考えられる（第6章を参照）。

どちらが誘うのか

それでは、男女どちらが不倫関係に誘うのだろうか。この問いは、一般的な交際や結婚とは異なり[*5]、その「開始の意図」に大きな意味がある。不倫に誘う側は相手と性的な関係になることを求めているが、誘われる側は必ずしもそうとは限らない。また、誘う側について検討することで、第1章で見たようなロマンティック・ラブ・イデオロギーの規範、もしくは第2章で見たような反不倫規範に、誰が反しているのかが見えてくるだろう。

おそらく一般的には男性が先に声をかけるイメージがあるだろう。セックスと男性とは結びつけられて考えられやすい[*6]。こうしたイメージを検証するために、総合調査ではどちらが相手に対して性的な関係になるように誘ったかを聞いている。回答選択肢は「自分が誘った」「相手が誘った」「どちらともなく（はじめた）」の3つであり、それぞれへの回答を男女別に**表4－1**に示した。

表4-1　どちらが不倫に誘ったか

	自分から誘った	相手が誘った	どちらからともなく	合計
男性	104 (43.88%)	30 (12.66%)	103 (43.46%)	237 (100%)
女性	3 (3.53%)	44 (51.76%)	38 (44.71%)	85 (100%)
全体	107 (33.23%)	74 (22.98%)	141 (43.79%)	322 (100%)

おおよそ予想通りというべきか、男性は自分から誘う割合がやはり多い。自分から誘ったという男性は約44%である一方、自分から誘ったという女性は約4%であった。一方、どちらからともなく不倫を始めたと回答する人が男女共通して、実に4割強にのぼっていた。これはつまり、多くの場合女性は自分から誘うわけではないが、かといって男性が必ずしも常に誘う側に立つわけでもなく、曖昧な始まり方をするケースも少なからずあるということだろう。

どちらからともなく不倫を始めたと述べる背景には、何かしらの好意をお互いに感じていたのだからと、規範を破った責任の所在を明らかにしたくない意思があるのではないか。こうすることで反規範的な状況を作り出した責任の所在が曖昧になり、規範を破りやすくなる。第2章で見たように、強い反不倫規範があるにもかかわらず、不倫経験者が一定数いるのは、こうした曖昧な不倫の始め方に起因しているのではないだろうか。

ちなみに、不倫相手が既婚かどうかで割合を検定してみたが、男女ともに**表4－1**の割合と異ならなかった。相手が既婚かどうかは、不倫の始め方には特に関連がないといえる。

2　誰と不倫するのか

同類婚

次に、どのような相手と不倫をするのか分析しよう。まず、先ほどと同じように結婚についての議論を参照することから始めよう。ここでは同類婚と社会的交換理論がキーワードとなる。

多くの社会で人は、自分と同じ属性の人と結婚しやすい。この傾向は同類婚と呼ばれる。ここでいう属性は、年齢や学歴、職業、人種など多岐にわたっている。例えば学歴同類婚は、大卒の人は大卒の人と、高卒の人は高卒の人と結婚しやすいことを指し、日本では既婚者全体の約50%が自分と同じ学歴の人と結婚している。[*7]

同類婚のメカニズムについて、マタイス・カルマインが3つの説明を与えている。[*8]

1つ目は選好であり、「自身と似た価値観や知識をもっている人を好ましいと思うこと」を主に指す。[*9] 同じような価値観であれば互いの世界観をより理解しやすかったり、同じような趣味嗜好《しこう》であれば一緒に楽しめたり、また同じような知識をもっていれば、会話の基盤を共有しやすい。

2つ目は機会、つまり潜在的な配偶者とは学校や職場といった限られた場所で出会うために、自然と自分と似た属性の人と付き合うことになる。例えば、学校は学歴同類婚に至る重要な経路の一つであり、アメリカで高学歴層において学歴同類婚が増えているのは、学校に在籍する期間が長くなり、結果的に同等の学歴の人と結婚する機会が増えたという研究がある。*10

3つ目は第三者の影響であり、これは例えば両親によって配偶者の選別がなされることを指す。両親にとって子どもの結婚は、配偶者という新しい集団の一員を迎えることになるが、ここで集団としての一貫性を保つために、異なる属性をもつ配偶者を両親が拒む可能性が出てくる。例えば、西ヨーロッパにおけるキリスト教の家庭において、イスラム教徒の配偶者が拒まれる、などである。ただし両親など第三者の影響は近年では減少しているともいわれている。*11

結婚ではなく不倫を論じる際には、初婚と再婚の区別を考える必要があるだろう。第1章で論じたように、不倫をサーチコストから理解しようとすると、不倫とは配偶者よりも良い相手に乗り換える前段階、事前に不倫相手に関して情報を収集する過程と理解できる。仮にこれが正しければ、不倫相手を探す過程とは、再婚相手を探す過程と言い換えても問題がないだろう。例えば、現在の配偶者との離婚を条件に、不倫相手と交際するなどといった場合である。そのため、再婚における相手の属性に基づいて考える必要もある。

ただし、既婚者（もしくは離婚経験者）というステータスは結婚市場においてデメリットになる可能性もある。一度結婚に失敗したというレッテルがはられるほか、前の配偶者の親戚関係に、再婚相手の家族との関係が加わるなど、親戚関係の複雑さが再婚にはついてまわる可能性が高いからである。[*12] この結果、離婚経験者は結婚市場で魅力的に見られなくなるため、以下で述べるように同類婚ではなく、社会的交換理論のほうがより不倫相手の属性を説明する上で適切かもしれない。[*13]

社会的交換理論

社会的交換理論とは、お互いがもっている資源や属性を交換し合う形で結婚が行われているとする理論である。第3章でも簡単に触れたが、改めておさらいしよう。例えば、アメリカの研究では、アフリカ系アメリカ人男性と白人女性の間の結婚では、前者の収入がより高い傾向にあるという。[*14] これはつまり、アメリカ社会においては、白人女性がもつ人種的マジョリティであるという有利さと、アフリカ系男性がもつ社会経済的有利さとを交換していることを指す。

これを不倫や再婚の議論に当てはめると、結婚市場で魅力的ではない（あるいは不倫相手にとってリスクとなる）既婚者であるという不利な地位を補うため、不倫や再婚カップルの結婚市場においては、有利な自分の地位（高収入など）が相手のもつ何らかの不利と交換されている傾向が、初婚カップルの結婚市場よりも顕著かもしれない。

再婚における同類婚／社会的交換理論研究は日本における蓄積が少ないが、基本的な統計からいくつかわかることがある。「婚姻に関する統計」[*15]によれば、2016年調査時点における初婚同士の年齢差は、夫が1・7歳上であった。これは、初婚同士の場合では、年齢同類婚、すなわち年齢の近い男女が結婚しやすいことを示している。一方、夫が再婚で妻が初婚の場合は夫が6・7歳上、両者ともに再婚の場合は夫が3・8歳上という傾向であった。妻が再婚で夫が初婚の場合は、妻のほうが0・1歳上であり、こちらは初婚のパターンに近い。また女性の学歴については、初婚よりも再婚のほうが自身の学歴と異なる人と結婚しやすいことが示されているが、近年初婚と再婚の差は縮まってきている。[*16]

アメリカの先行研究では、インターネットやアプリを通して交際を始めるカップルでは、出会いの機会に対する制約が少ないため、自分とは異なる属性の人（学歴や人種、宗教）とより付き合いやすいことが示されている。[*17] 先に述べたように、不倫カップルは2割前後がインターネットやアプリで出会うので、自分とは異なる属性の人と付き合う可能性が高いかもしれない。

さて、不倫相手の属性を理解する上で、同類婚と社会的交換理論を簡単に紹介した。ここから、不倫相手の婚姻状態、年齢差、学歴などの社会経済的地位、そして性別について個別に検討していこう。

ダブル不倫は一般的？

まずは不倫相手の婚姻状態から見てみよう。どちらか片方が既婚者であることが不倫の要件だが、既婚者の場合、不倫相手の婚姻状態は自身と同様に（すなわち同類婚のように）既婚者が多いのだろうか。

既婚者同士の不倫は、俗にダブル不倫と呼ばれている。既婚者同士で行うのだから、配偶者に発覚するリスクが単純に2倍になり、その分訴えられるリスクが高まる。さらに、仮に再婚相手を求めて不倫しているとすれば、相手が既婚の場合、再婚のハードルはぐっと上がる。だとすれば、ダブル不倫は一般的ではないのだろうか。

実際にはどのような組み合わせが多いのだろうか。総合調査では、不倫相手の属性についていろいろと尋ねており、婚姻状態もその一つである。回答選択肢には「わからない」も含めている。一般的に「わからない」という回答選択肢を選んだ回答者は除外して分析するの

表 4-2　不倫における既婚と未婚の組み合わせ

	相手が既婚	相手が未婚	わからない	合計
女性回答者	63 (74.12%)	20 (23.53%)	2 (2.35%)	85 (100%)
男性回答者	94 (39.66%)	132 (55.70%)	11 (4.64%)	237 (100%)
回答者全体	157 (48.76%)	152 (47.20%)	13 (4.04%)	322 (100%)

だが、不倫研究においては相手が情報を開示していない、またはそういった話をしていないという意味にも捉えられる。そのため、ここでは「わからない」も合わせて示すことにしよう。ここで、不倫相手は嘘をついていない、という前提をおく。

表4－2に男性・女性の回答者別に不倫相手の既婚・未婚の分布を示した。回答者は男女とも既婚者であり、不倫相手の婚姻状態によって既婚・未婚・わからないの3パターンに分かれている。

表4－2の結果から、女性の場合は自分も相手も既婚の組み合わせ（ダブル不倫）が最も多く、7割以上にのぼっていることがわかる。相手が未婚という組み合わせは2割強にとどまる。他方で男性はこの割合が逆転し、自分が既婚で相手が未婚のケースが5割以上になっている。相手の婚姻状態がわからない人はかなり少なく、男女ともに5％未満に収まっている。こうした男女の既婚・未婚の組み合わせについては、次の年齢差とあわせて分析する。

この表をもとに、不倫をしている男女の既婚と未婚の組み合わせを計算すると、次のようになるだろう（ちなみにあとの節で述べるように、不倫相手の性別は異性とは限らないが、ここでは話を簡単にするため同性カップルは除いた。*[18] そのため、**表4－2**を単純に合計した数字と一部異なっている)。

既婚女性─既婚男性：153（48・42％）
既婚女性─未婚男性：20（6・33％）
既婚男性─未婚女性：131（41・46％）
相手の婚姻状態がわからない：12（3・80％）

最も多い組み合わせは男女ともに既婚者同士の交際で、5割近くにのぼる。既婚男性と未婚女性という組み合わせも同様に多く、4割を超える。既婚女性と未婚男性の組み合わせは最も少なく、6％程度である。

冒頭の議論に戻ると、いわゆるダブル不倫は一般的な不倫の組み合わせだということになる。ただし、本書の調査は既婚者が対象である点を考慮する必要がある。つまり回答者に未婚者を含んでいないため、既婚─未婚の組み合わせが本来の値より減少している可能性がある。それでもなお、既婚者同士の組み合わせは決して少なくないといえよう。

双方が既婚者である場合、不倫が発覚するリスクは高まるし、双方の配偶者から慰謝料を請求されやすい。最もリスクの高い不倫の組み合わせであるにもかかわらず、なぜダブル不倫が主流なのだろうか。同類婚のメカニズムから一部説明を借りると、次の3つの仮説が考えられる。

1つ目は同類選好、すなわち既婚者という同様の境遇にあるために、共有できる事柄が多く、仲良くなりやすいという理由である。また既婚であることが、それまでの恋愛経験のシグナルとなり、同様の経験をもつ人を惹き寄せる可能性もある。[*19] 離婚を経験した者同士が結婚しやすいという研究もあり、こうした結果から配偶関係が同一の人を好む傾向が存在しそうである。[*20]

2つ目は機会、つまり自身が既婚者であるため、既婚者である不倫相手と会いやすいということである。既婚者の友人は既婚者である場合が多く、[*21] 友人や、友人の紹介により出会う人と不倫する場合は、相手が既婚者となりやすいだろう。

3つ目は公平性であり、発覚した場合には同程度のリスクを分かち合っているために、片方が未婚の組み合わせより両者の関係が公平と認識されやすく、不倫に発展しやすいという理由である。これを社会的交換理論から見ると、既婚という不利をお互いもっているからこそ、それを打ち消し合うともいえるだろう。なお、これら3つの仮説は相互に排他的ではなく、両立しうる関係にある。

既婚男性と未婚女性の組み合わせも同様に多いが、それについては次の節で論じよう。

不倫相手との年齢差

次に年齢差を見てみよう。この1年で不倫をしていた人の中で、平均的な年齢差は、既婚男性の場合だと自分と比べて不倫相手が7・46歳下であった。ただしばらつきが大きく、相手が自分よりも49歳下というケースから、29歳上というケースまで様々であった。*22 既婚女性の場合だと、不倫相手が平均で2・76歳上であった。男性ほどではないが女性もばらつきが大きく、不倫相手が12歳下のケースから、22歳上のケースまで幅があった。ここから、男性は年下と不倫をしており、その年齢差は女性が不倫をしている場合と比べてもより大きいということがいえる。

なぜ男性の不倫相手は年下で、さらに年齢差も大きいのだろうか。この問いに対する解釈の一つとして、男性のほうが不倫をする人の平均年齢が高いということが考えられる。平均年齢が高いために、自然と相手の年齢も下になって年齢差も大きくなってくるのかもしれない。しかし総合調査のデータを分析してみると、不倫をしている男性の平均年齢は48・41歳、女性は44・12歳で、男性のほうが年齢が高いとはいえ、そこまで大幅な差は見られなかった。*23 そのため、男性のほうが不倫の際の年齢が女性よりも高いということはいえない。

男性と女性の間で不倫相手との年齢差が大きく異なることから、何がいえるだろうか。全体として、不倫カップルの年齢の組み合わせのパターンは、初婚のような年齢同類婚のパターンとは大きく異なっており、どちらかといえば再婚のパターンに近い。男性にとっての不倫相手との年齢差のパターンは、再婚市場に当てはめると、自身が再婚で相手が初婚（未婚）の年齢差分布（男性が6・7歳上）に近い。一方で、女性にとっては、自身も相手も再婚の場合の年齢差分布に近い（女性が3・8歳下）。これは、**表4－2**で得られた既婚―未婚の組み合わせとも整合的だろう。すなわち、男性にとっての不倫相手は未婚が多く、そのため自身と不倫相手の年齢差が、自身が再婚で相手が初婚の年齢の組み合わせに近くなる。一方で、女性は既婚者と不倫することが多く、そのため両者が再婚の年齢の組み合わせに近くなるのではないか。

既婚男性はなぜ若い未婚女性と不倫できるか

ここで疑問が出てくる。既婚男性は不倫が発覚して訴えられるリスクなどから結婚市場において不利なはずだが、不倫相手は自分より年下であり、未婚というケースが多い。先行研究では、初婚であったり年齢が若かったりすると、結婚市場において有利に働くことが示されている。*24 つまり既婚男性は、相手の未婚や若さという有利を得るために、自分の婚姻状態からくる不利を、好ましい何かで補っている可能性がある。第3章で不倫の規定要因を検討したが、不倫相手にとって好ましいと思われる要素は、おそらく収入だろう。高収入の既婚男性が不倫をする相手は、未婚であったり、自分よりも年が若いという仮説が考えられる。

この仮説を検定するために、総合調査のデータをもとに不倫相手との年齢差と、不倫相手の婚姻状態を規定する要因を分析した。すると、男性は収入が高ければ、それだけ不倫相手と比べたときの自分の年齢が上になることがわかった。[*25] ただし婚姻状態に対しては収入の効果は見られなかった。結果をまとめると、収入の高い男性は、自分よりも若い女性と不倫しやすいということである。

おそらく読者の皆さんが抱いていたイメージのとおりだろうが、理論的・実証的な解釈を加えると次のようになる。すなわち、既婚男性は再婚市場において不利になるが、その不利を克服するために収入を使い、女性の初婚、もしくは若さという有利と交換している。[*26]

次に、女性のパターンについて考察しよう。既婚女性は既婚男性と不倫をするパターンが多く見られる。不倫相手との年齢差の分布も、既婚女性―既婚男性の再婚のそれに近い。これは何を意味するだろうか。まずは既婚者同士が不倫する理由については、先述の3つの仮説が当てはまるだろう。例えば男女ともに既婚という結婚市場における不利をもっているからこそ、その不利を両者で打ち消し合っていることが考えられる。

一方、既婚女性―未婚男性の組み合わせは非常に成り立ちにくいことがわかった。これは既婚男性―未婚女性の組み合わせが多いことと対照的である。社会的交換理論に基づくと、結婚市場で不利な既婚女性は、既婚男性と同様に収入といった何らかの資源を提供しなければ自身の不利を打ち消せない。しかし、第3章で見たように、女性の収入は不倫相手の男性を惹きつける要素にはならない。言い換えると、既婚女性にとって、自身の不利を打ち消せる資源がないといえる。そのため、既婚女性―未婚男性の組み合わせが少ないのだと考えられる。これは単に女性の収入が低いといった話ではなく、誰が不倫の費用を負担しやすいか、という社会構造に根ざした話だともいえよう。

社会経済的地位――仕事と学歴

前項では、不倫における年齢と婚姻状態の分布が再婚市場に近しいことを示した。特に男性は高い収入をもとに若い未婚女性と交際しようとする「社会的交換」が見られた（既婚女性は未婚男性とそうした交換を行っていない）。それでは、その他の属性についても社会的交換理論が当てはまるだろうか。学歴と従業上の地位（正社員、非正規社員など）について、不倫相手との差異を検討してみよう。

表4－3と表4－4に、自分と不倫相手の学歴の組み合わせを男女別に示した。[*27] 表4－3

表4-3　男性回答者と不倫相手の学歴の組み合わせ

		相手の学歴				
		中高	高専・短大・専門	大学(院)	わからない	計
自分の学歴	中高	25 (10.96%)	4 (1.75%)	3 (1.32%)	6 (2.63%)	38 (16.67%)
	高専・短大・専門	8 (3.51%)	4 (1.75%)	4 (1.75%)	3 (1.32%)	19 (8.33%)
	大学(院)	28 (12.28%)	40 (17.54%)	84 (36.84%)	19 (8.33%)	171 (75%)
	計	61 (26.75%)	48 (21.05%)	91 (39.91%)	28 (12.28%)	228 (100%)

表4-4　女性回答者と不倫相手の学歴の組み合わせ

		相手の学歴				
		中高	高専・短大・専門	大学(院)	わからない	計
自分の学歴	中高	14 (17.28%)	0 (0.00%)	7 (8.64%)	3 (3.70%)	24 (29.63%)
	高専・短大・専門	7 (8.64%)	2 (2.47%)	12 (14.81%)	3 (3.70%)	24 (29.63%)
	大学(院)	7 (8.64%)	0 (0.00%)	24 (29.63%)	2 (2.47%)	33 (40.74%)
	計	28 (34.57%)	2 (2.47%)	43 (53.09%)	8 (9.88%)	81 (100%)

表 4-5　男性回答者と不倫相手の従業上の地位の組み合わせ

		相手の従業上の地位					計
		正規	非正規	自営・家族経営	無職・学生	わからない	
自分の地位	正規	108 (45.57%)	42 (17.72%)	7 (2.95%)	18 (7.60%)	15 (6.33%)	190 (80.17%)
	非正規	1 (0.42%)	2 (0.84%)	1 (0.42%)	1 (0.42%)	0 (0%)	5 (2.11%)
	自営・家族経営	6 (2.53%)	6 (2.53%)	6 (2.53%)	3 (1.27%)	3 (1.27%)	24 (10.13%)
	無職・学生	2 (0.84%)	4 (1.69%)	2 (0.84%)	9 (3.80%)	1 (0.42%)	18 (7.59%)
計		117 (49.37%)	54 (22.78%)	16 (6.75%)	31 (13.08%)	19 (8.02%)	237 (100%)

表 4-6　女性回答者と不倫相手の従業上の地位の組み合わせ

		相手の従業上の地位					計
		正規	非正規	自営・家族経営	無職・学生	わからない	
自分の地位	正規	21 (24.71%)	0 (0.00%)	5 (5.88%)	0 (0.00%)	0 (0.00%)	26 (30.59%)
	非正規	14 (16.47%)	1 (1.18%)	5 (5.88%)	1 (1.18%)	0 (0.00%)	21 (24.71%)
	自営・家族経営	5 (5.88%)	0 (0.00%)	2 (2.35%)	0 (0.00%)	0 (0.00%)	7 (8.24%)
	無職・学生	16 (18.82%)	1 (1.18%)	5(5.88%)	5 (5.88%)	4 (4.71%)	31 (36.47%)
計		56 (65.88%)	2 (2.35%)	17 (20.00%)	6 (7.06%)	4 (4.71%)	85 (100%)

から、男性の場合、不倫相手の学歴は自分の学歴と同じになりやすいことがわかる。例えば自分の最終学歴が大学の場合は、相手の最終学歴も大学になりやすい。ただし自身が高専・短大・専門学校卒の場合は、おそらく短大卒は女性が圧倒的多数を占めるといった理由で、このパターンから外れている。このため断定はできないものの、男女ともに学歴同類婚に近い傾向といえるだろう。

女性の場合には、学歴上昇婚、すなわち自分の学歴よりも相手の学歴のほうが高いというパターンも多少見て取れる。自身が高専・短大・専門学校卒や中高卒の場合は、大学卒の男性とも不倫をしやすい。こうした傾向は、結婚市場における女性の選好と類似している。*28

次に、従業上の地位について**表4－5**と**表4－6**にまとめた。*29 **表4－5**は回答者が男性の場合を示しているが、まず男性は正規職が多く約80％を占めている。これは不倫をする男性は経済的に安定した人であるという第3章の結果とも整合的だろう。ただし、相手の傾向は偏りがあり、正規職についている男性は正規職の女性と不倫をしやすい。日本の女性全体の正規職の割合と比較しても、不倫相手の女性が正規職についている割合は多いだろう。*30 また、無職や学生の男性も同じ無職・学生の女性と付き合いやすい傾向にある。一方で、非正規や自営・家族経営の男性はまとまった傾向が見出しにくい。

次に**表4－6**の女性の不倫相手の従業上の地位を見てみると、まんべんなく散らばっているようである。実際に統計的分析をしてみても、偏りはなかった。女性にとって正規かどうかといった自身の従業上の地位は、不倫相手の従業上の地位と特に関連がなさそうである。これは第3章で見たように、女性には職業に関する変数が不倫をするかどうかと関連がなかったこととも整合的だろう。

不倫と再婚で「ねじれる」理由

以上、女性の従業上の地位を除き、自身と不倫相手との社会経済的な属性が近くなりやすいことを示した。これは再婚相手の社会経済的な属性に関する既存の研究と比較すると、かなり偏った結果といえる。

再婚に関する過去の研究では、初婚は同一の社会経済的な属性をもつ相手としやすいが、再婚は自分とは異なる属性をもっている相手としやすいことが示されていた。これは、一般的に結婚市場では自身と似た背景をもつ配偶者を好んで探す傾向があるが、再婚の場合は、結婚経験という不利をもつために、それがしにくいというのが先行研究の説明であった。しかし、本研究が示すように、再婚の一歩手前、不倫においては相手の属性が自身のものと似てしまうという傾向がある。再婚では相手の属性を吟味しきれないが、不倫では吟味している、というねじれた結果である。

なぜ同一の学歴や従業上の地位をもつ人と不倫関係になりやすいのか。まずは機会から解釈ができるだろう。例えば同じ職場の相手と不倫すれば、その相手は学歴が同一である可能性が高い。また不倫相手が友人だったり、友人から紹介された人の場合も同様に、同一のネットワークに所属しているため、同一の学歴の可能性が高くなる。従業上の地位も同様に、正社員であれば正社員と会う場合が多く、またネットワークを形成しやすい。なお、不倫相手の学歴が同一になるかどうかを従属変数とした追加の分析（男性のみ）を行ったが、やはり職場や仕事関係、友人からの紹介で出会っていれば同一の学歴になりやすいという結果であった。[*31]

次に、不倫相手と付き合う段階では、不倫相手を再婚相手として見ていない可能性もある。例えば再婚を前提とした付き合いだと、組み合わせが再婚同士であっても再婚・初婚であっても、結婚に失敗したというレッテルや親戚関係の複雑さなどのせいで、結婚経験が不利に働く。そのため、好ましいとされている同一の背景をもつ人とは結婚しにくくなってしまう。一方で、仮に再婚相手としてお互いを見ていないのであれば、（相手が未婚だとしても）既婚者という状態が不利に働かず、そのため同一の学歴や従業上の地位の相手と付き合いやすくなる。このために、学歴や従業上の地位が似た不倫カップルが比較的多く観察されたのかもしれない。ただ、不倫が進むにつれ、最初は遊びとしか思っていなかった関係が、再婚を視野に入れたものとなるかもしれない。この段階に至って初めて、相手の学歴や従業上の地位が問題となるのだろう。

同性との不倫とMOM

不倫相手の分析の結びとして、不倫相手の性別を見てみよう。セックスは異性とだけするものではない。例えば2019年に行われた、大阪市民を対象にした無作為抽出調査（対象となる人々〔ここでは大阪市民〕がみなサンプルとして選ばれる確率が同一である調査）である「大阪市民の働き方と暮らしの多様性と共生にかんするアンケート」では、5・8%の回答者が同性のパートナーをもった経験があると回答している。[*32] また同調査に基づいてヒラモリとカマノが行った分析では、セクシュアリティの複雑性を4つの項目から検討している。[*33] この調査では、これまで[*34]同性に対して性的に惹かれるか、恋愛感情を抱くか、セックスをしたことがあるか、もしくは自身を同性愛者または両性愛者だと自認している人の割合を求めている。[*35] この研究によれば、女性の9・8%、男性の6・3%が、この4つの項目のいずれか（もしくは複数）に該当する。

同性愛者を自認する人が異性愛者と結婚することを mixed-orientation marriage（MOM）といい、アメリカでは研究が進んでいる。[*36] アメリカでは、同性愛者を自認する男性の20%が女性と結婚しているという。[*37] 異性と結婚したゲイ・バイセクシュアル男性を対象にして行われた調査では、結婚前に同性愛の感覚があった人は15％程度で、85％は自らの性的指向について曖昧な認識であった。[*38] 結婚前と結婚後では性的指向が異なる、もしくは明確化する傾向があると指摘できよう。異性愛者と結婚したゲイ男性と未婚のゲイ男性（もしくは離婚したゲイ男性）の自尊心を比較した研究では、統計的な有意差は出なかった。[*39] ただ、異性愛者と結婚したゲイ男性は、家族を失う恐怖と同性に惹かれる感情を同居させている。[*40]

日本におけるMOMの研究は少ないが、前川直哉《まえかわなおや》が男性同性愛者向け雑誌『薔薇族《ばらぞく》』の読者投稿を分析している。[*41] 『薔薇族』読者の中には世間体を気にして結婚する人や、同性愛が〝治る〟という期待をもって結婚する人が散見される。また結婚後は妻に隠れて同性と交際する人もいたようであり、異性との不倫と比べれば問題が少ないと認識されていたようだ。

前川の研究は同性愛者の中の不倫経験者を取り扱っていたが、本書の目的に則り、不倫を経験した人の中でどれくらいが同性とセックスをしたのか見てみよう。総合調査では、不倫をしたことがある人に対して、不倫相手の性別も同時に聞いている。分析の結果、今まで不倫をしたことがある（現在している人も含む）男性で、その相手が男性だった人は1・14％であった。他方で今まで不倫をしたことがある（現在している人も含む）女性のうち、その相手が女性だった人は2・86％であった。ただ、不倫相手の性別を聞く質問はあまり一般的ではないため、一部の回答者が誤答している可能性も拭えない。そのためこの値は多少過剰になっていることも考えられ、決定的な値とはいいがたい。それでも、異性と法律婚をした上で同性と不倫をする人が一定の割合でいる可能性は指摘できる。不倫が男女間のみのものであるという認識は改める必要があるだろう。

不倫相手に求めるもの

ここまで、不倫相手とどのように出会い、どのような相手と不倫をしているかを概観してきた。本章の最後に、配偶者と比較して、不倫相手に対してどういった感情を抱いているかを、第3章でも活用した「満足感指標」を使って検討しよう。

第3章で触れたように、コミットメントは、①配偶者から得られると期待される満足感、②関係に対する投資量（時間や関係へ費やした資金、感情的な関わりなど）、③投資対象以外の可能な選択肢（つまり将来的な不倫相手）の価値によって形成される。これは配偶者と不倫相手について、感情的なつながりや満足感の観点から比較することで、現在の関係にとどまりたいか、不倫に踏み出したいかが決まることも意味するだろう。配偶者と比較して、不倫相手に対して抱いている満足感を検討することは、将来の配偶関係を考える上でも重要になる。

図4－3と図4－4に、不倫相手と配偶者、それぞれに対する満足感を男女別に図示した。

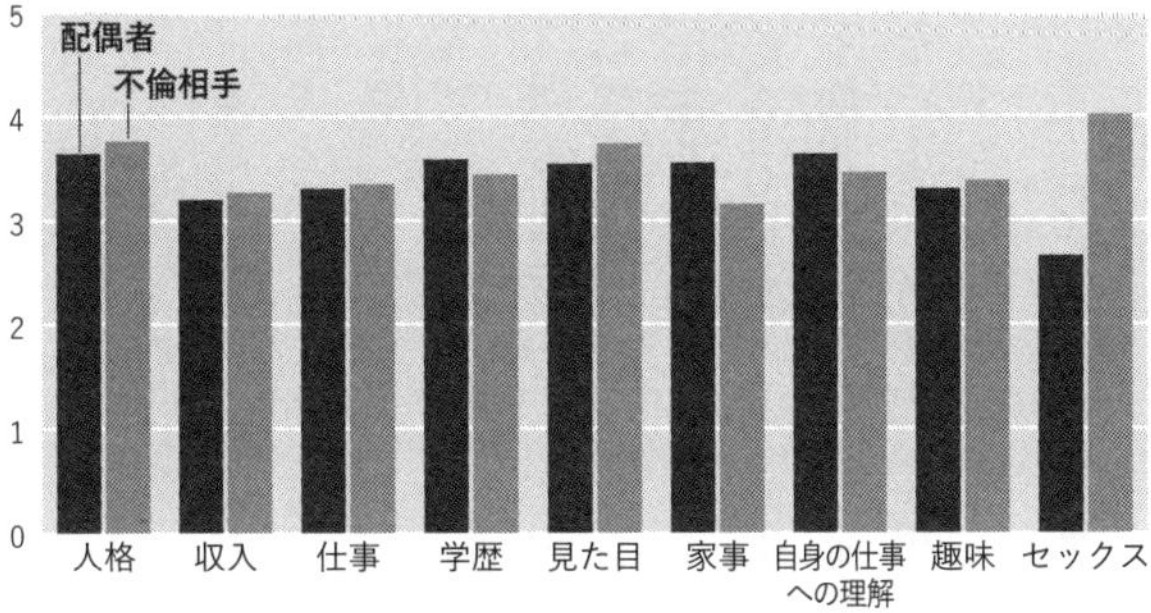

図4-3　配偶者と不倫相手に対する満足感（男性）

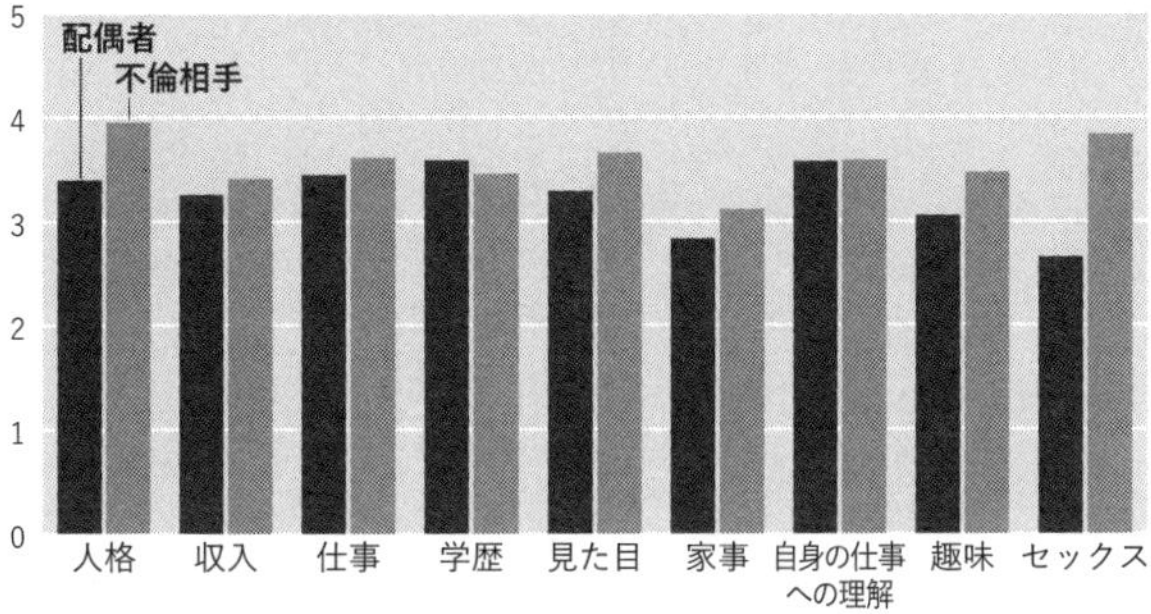

図4-4　配偶者と不倫相手に対する満足感（女性）

第3章の分析で用いたものを少し拡充し、人格、収入、仕事、学歴、見た目、家事、自身の仕事への理解、趣味、セックスの側面から満足感を比較している。

まず、男性から見てみよう。配偶者に対する満足感と不倫相手に対する満足感の間で統計的に有意な差がないのは、人格、収入、仕事、趣味であった。これらの項目について男性は、配偶者と不倫相手に対してほぼ同水準の満足感をもっていると考えられる。

配偶者のほうが良いとした項目は、学歴、家事、自分の仕事への理解であった。おそらくこうした項目は不倫相手に開示しないことが多いため、このような差が得られたと考えられる。不倫相手には自分の仕事の話をしなかったり、不倫相手の学歴について深く知ろうとしない傾向があるのだろう。家事についても妻が主に担っているケースが多い一方、不倫相手とは生活を共にしないため、このような差が出たのだと考えられる。言い換えると、男性は不倫相手と配偶者で、開示する情報や話す内容を使い分けている可能性が指摘できる。

不倫相手のほうが良いとした項目は、見た目とセックスであった。女性と比べてかなり偏っているが、男性が不倫相手に求めるものが性的なものに集中していることを表していると考えられる。

一方女性にとって、配偶者と不倫相手の間で満足感に統計的に有意な差がないものは、収入、仕事、学歴、家事、自身の仕事への理解であった。

特筆すべきは9項目のうち、女性にとって配偶者のほうが良いという項目が一つもないことである。不倫相手のほうが良いとした項目は、人格、見た目、趣味、セックスの4項目であった。見た目とセックスは男性と同様に不倫相手のほうが良いとされており、やはり性的な目的をもって不倫相手と交際していることがうかがえる。他方、男性と異なるのは、人格や趣味など、どちらかといえば精神的なつながりに近い項目でも、不倫相手のほうが良いとしている点であった。

この結果をもって、客観的に見て不倫相手が優れていて、配偶者が劣っているとは単純にはいえないと筆者らは考える。なぜなら、第1章で述べた不確実性の問題があるため、セックスをする相手に対しての自分の好みが変化していることもあれば、配偶者と長年一緒にいることによって慣れが生じたり、あるいは嫌な点が目についてしまったりして、不倫相手を過大評価していたりすることもあるだろう。

ところで「男性はパートナーに性的なものを求め、女性は精神的なものを求める」、といった俗説がある。総合調査の結果からは、不倫を始めた段階での目的はわからないものの、不倫をしている（していた）人にとっての満足感を見る限り、この俗説は訂正する必要があるだろう。つまり、不倫相手に対して、男性は性的なもののみに満足感を見出すが、女性は性的なものにも満足しているということである。

＊

本章では、どのように不倫を始め、どのような相手と不倫し、不倫相手に何を求めているかを検討した。ここで明らかになった結果を順番に見てみたい。

まず出会い方だが、職場など配偶者と同様の出会い方が多い一方で、男女ともにインターネットやアプリが主流であることがわかった。これは、日常の人間関係が絡んでいない相手をインターネット上で探している様子にも見える。他の出会い方については男女差があり、女性は複数の場面でまんべんなく不倫相手に出会いやすい一方、男性はわずかながら仕事関係が多いことがわかった。

また、男性から声をかける場合が多いものの、どちらからともなく不倫を始めたという回答も多かった。「どちらからともなく」という始め方は、規範を破った責任の所在を明らかにしたくない意思の現れかもしれない。

次に、どのような相手か、ということについては、同類婚と社会的交換理論という2つの側面から考察を深めた。年齢や婚姻状態はどちらかといえば社会的交換理論に基づいており、自身と不倫相手の属性は異なりやすい。一方、社会経済的側面では同類婚の理論に基づき、自身と不倫相手の属性は類似しやすい。

ここから、人は一般に同一の社会経済的属性をもつ人と遭遇しやすいこと、そして、相手の年齢や婚姻状態が自分と異なっている場合には、自身の不利益を埋め合わせるような（男性は収入、女性は自身の婚姻状態や年齢をもとにした）交換が不倫を始める際に行われている、とまとめることができるだろう。

なお前述したように、不倫は必ずしも異性間で行われるわけではない。1～2％ほどの組み合わせにおいて、同性を対象にした不倫が行われていることもわかった。

最後に、不倫相手と配偶者に対する満足感を比較すると、男性は性的なもののみで不倫相手により満足している一方、おそらく不倫相手に対して開示しないような側面では配偶者により満足していた。女性では、性的なものに加えて人格や趣味など、恋愛関係において重視されそうな項目について配偶者よりも不倫相手に対する満足感のほうが上回っていた。既述のとおり、これは主観的なものであり、絶対的な指標に裏打ちされた客観的なものではないことに注意したい。

第5章　なぜ終わるのか、なぜ終わらないのか

前章では、不倫がどのように始まり、どのような相手と不倫関係になり、そして配偶者・不倫相手のどういった面に満足感を覚えているかを検討した。これらは継続している不倫の実態を捉えた内容だった。しかし、不倫関係がいつまでも続くわけではなく、不倫の多くはどこかの段階で終わりを迎えるだろう。

では、不倫をしている既婚者は、どの程度のペースで不倫相手と会い、どの程度の期間にわたり不倫を続け、そしてどのように終わるのか。さらに不倫と離婚の関係について、総合調査で得られたデータと先行研究をもとに整理していこう。不倫をすることで性的な欲求を

解消しているのであれば、かえって離婚しづらくなるということも考えられる。しかしそれでも不倫は離婚につながる行為なのかもしれない。もし不倫が離婚につながるのであれば、どういった不倫が離婚しやすくなるのだろうか。そして夫婦の間に不倫があっても離婚をしない夫婦は、どういった夫婦なのだろうか。本章では、第3章や第4章で言及したデータや先行研究を用いて、不倫の継続から解消までを分析してみよう。

1　不倫相手とどれくらい続き、終わるのか

まずは、不倫相手とどれくらいの期間にわたり関係が続くのか、平均してどれくらい会っているのか、を考察しよう。第1章で言及したように、一度だけのセックスでは裁判で不貞行為として認められにくいが、複数回の性行為であったり、長期間続く関係であったりすれば話は別となる。それでは一般的にどの程度関係が続くのだろうか。第3章や第4章で用いたデータの中で、不倫関係をすでに終えた人を対象に、分析してみよう。

セックスの頻度

不倫相手と平均してどれくらいの頻度でセックスしているのだろうか。データを分析した

結果、年間の平均回数は32・52回（標準偏差49・39）であった。[*1] ただし一部極端に回数が多い回答者がおり、その人たちによって平均値が大幅に引き上げられている。そのため、平均値と同時に中央値（回答者をセックス回数の順に並べたときの真ん中の値）も確認してみよう。すると中央値は年12回であり、月1度くらいというのが不倫相手とのセックス回数として一般的なペースなのだろう。

ちなみに、不倫相手と1年に1回だけセックスをした人は、不倫をしたことがある人のうち18・24%であった。おそらく、多くは1度きりの関係だったのだろう。言い換えると、およそ8割以上の不倫関係は1人の相手と年に2回以上、性交渉を行う継続的な関係にあるといえる。

継続期間

海外で不倫の期間に関して研究した例は意外と少ない。筆者が知る限り唯一のものは、ペギー・ヴォーンによるアメリカの不倫の集計であり、そこでは56%の不倫カップルが3ヶ月未満、30%が3ヶ月から1年、14%が1年以上という回答であった。[*2]

それでは日本における不倫関係は一般にどの程度の期間続いているのだろうか。総合調査では、初めてセックスをしてから、その相手と連絡がとれなくなる／とらないと決めるまでの期間を不倫の継続期間として設定した。分析の結果、不倫の継続年数は、平均して4・12年（標準偏差5・81）であった。ただし、セックスの頻度で一部極端に多い回答者がいたのと同様に、非常に長期間にわたって不倫相手に会い続けている回答者がいたため、平均値が大幅に引き上げられている。中央値は2・08年であった。言い換えると、不倫関係のおよそ半分は、2年以内に終わっていることになる。

この継続期間はどういった要因によって決まっているのだろうか。過去に不倫をしていた男女を対象に、第3章で言及したデータをもとに分析した。[*3] その結果、女性は不倫相手の人格とセックスに関する満足度が高ければ、不倫の継続期間が長くなる。一方、男性は不倫相手のセックスに関する満足度が高ければ、継続期間が長くなっていた。第4章と同様に、ここでも男女で相手に求めるものの差が現れている。すなわち女性は相手の人格と性的な満足感を重視するが、男性は人格を特に重視しないという傾向である。

さらに、男女に共通して見られた傾向として、不倫相手が既婚であるほうが、より長期間継続することがわかった。これは不倫相手が未婚である場合、別の交際相手や結婚相手ができるといった関係の不安定性があるために別れやすいのではないかと推測できる。また、第4章で考察したように、片方が未婚であるとリスクを公平なものとして認識できないために、関係を早く終わらせたがるのではないかとも考えられる。この結果、双方にとって最も発覚・訴訟リスクが高い既婚者同士の不倫がより継続しやすくなってしまっている。

なお総合調査では、連絡をとらなくなるタイミングをもって、不倫関係が終わったと判定しているため、実態よりも長期間のデータが示された可能性がある。そのため解釈には注意が必要である。本来であれば２人にとっての最後のセックスのタイミングで関係が終わったと判断すべきだが、この判定はなかなか難しい。また不倫をしていることが配偶者に発覚し、離婚した人はこのデータには入っていないため、期間は前後するだろう。継続期間が長い人ほどバレやすいと推測されるため、もしかしたら継続期間は今回推定した値よりも長いかもしれない。継続期間については今後より精緻な分析が必要だろう。

なぜ不倫は終わるのか

不倫はなぜ終わるのだろうか。総合調査では、過去に不倫をしたことがある人に対して、不倫関係を解消した理由を自由回答で尋ねている。得られた回答のうち、多かったものや特徴的なものをカテゴリーとしてまとめ、図５−１に実数で提示している。

図５−１から、「なんとなく」関係を解消した人が最も多く５２９人で、全体の31％にあたることがわかる。意識的に関係を解消したのではなく、自然消滅した人が最も多いというのが興味深い。サーチコストの観点からすると、不倫は次のパートナー探しの一環であった

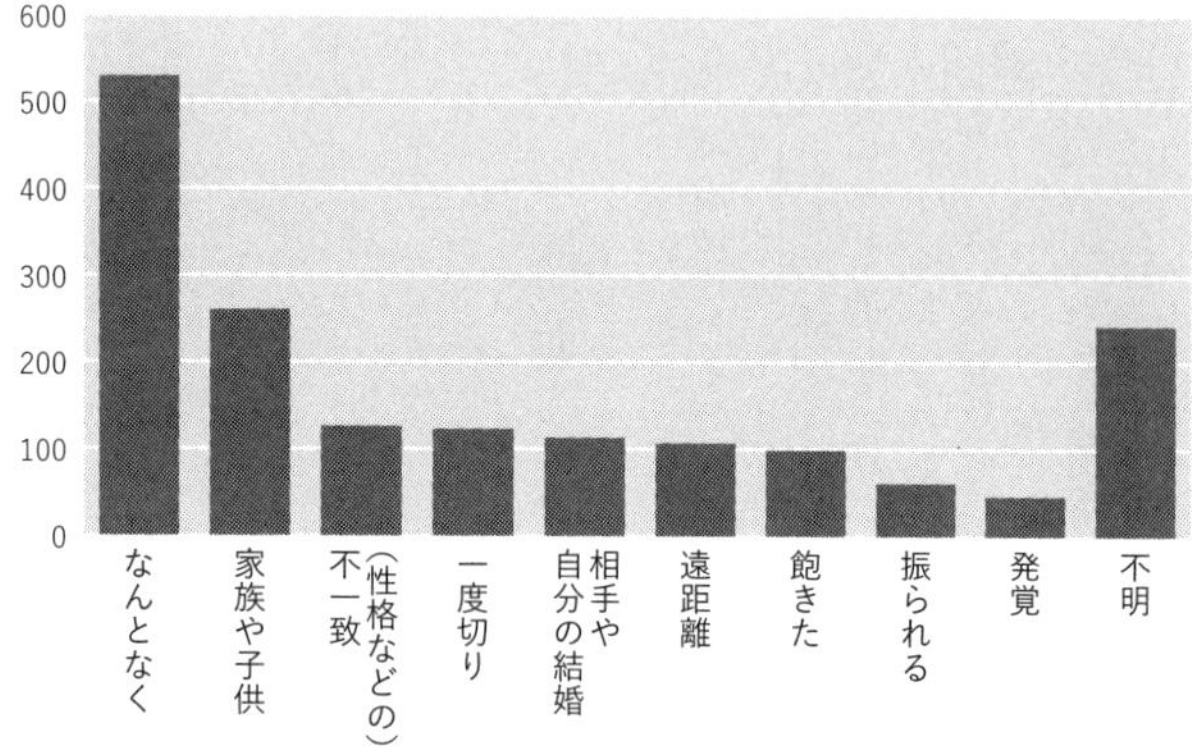

図 5-1　不倫を解消した理由

が、自然消滅が多いとなると、不倫関係とはあくまで一過性のものに過ぎないとも考えられる。

次に多いのが家族や子どもを大切にするため関係を解消したという人であり、260人で全体の15%を占めていた。2番目に多いとはいえ、「なんとなく」の半分以下であり、配偶者や子どもが考慮に入っている関係解消の理由は唯一この項目だけである。

どういう人が家族のために別れるのかを検討したところ、[*4]意外なことに、子どもの有無や配偶者に対する（性格などの）満足感・罪悪感など、自分の家族に関する変数は、「家族のために別れる」という判断に関連がなかった。ここから、不倫の継続／終了の判断には自身の家族の存在がそれほど大きな影響力をもたないのではないかと考えられる。これはつまり、不倫が自分、不倫相手、自分の配偶者（家族）の三者の関係から説明されるのではなく、自分と不倫相手の関係のみから説明される可能性を示しているだろう。

それ以外はほぼ同数であり、性格や性などの不一致や、相手や自分の結婚、転勤などに伴い疎遠になったといった理由が挙げられている。それ以外にも、相手との関係に飽きたり、相手に振られたりといった理由もある。意外にも自分や相手の家族に発覚して関係が終了した人は少数派であった。もっとも、本データは現在配偶者がいる人を対象に調査を行っているため、家族に不倫が発覚した後離婚した人は含まれていない。そのため、家族に発覚して不倫関係を終了する人の実数は図5－1の値よりも多いと見られる。

2　不倫と家族

不倫をすることによって、その後の夫婦関係にどういった影響が出るのだろうか。第1章で触れたサーチコストの議論に則れば、不倫は再婚相手を探す過程であるため、不倫をしている人はそうでない人に比べてより離婚意思が強いといえるだろう。逆に、不倫によって配偶者に対する不満を解消しているのであれば、むしろ家庭が円満になって離婚意思が弱くなるということも考えられる。このように対立する仮説を検証するため、収集したデータや先行研究を検討してみよう。

離婚意思との関連

総合調査は現在配偶者がいる人を対象にしているため、(再婚者でない限り) 離婚経験は分析できない。かわりに、離婚意思という態度変数を使い、不倫経験と離婚意思との関係を検証した。分析の結果、不倫をしている人は、不倫をしたことがない人と比べて、より離婚したいと思っているようである。この傾向は男女共通であった。さらに、不倫が離婚意思に対してもつ効果の大きさは、配偶者に対する満足度によって左右されないことがわかった。これは例えば、配偶者に対する不満の度合いが高い場合に不倫をしていたとしても、不倫によって離婚意思が下がることがないということを意味している。この結果から、不倫をすることによって家庭がより円満になる——雨降って地固まる——わけではなく、かえって離婚をする確率が高まるといえる。

それでは、仮に離婚をしたとして、不倫相手は、再婚相手として選ばれるのだろうか。サーチコストの議論に則れば、不倫相手は将来の再婚相手の候補として考えられている。仮にそうであれば、不倫相手がより望ましい人であれば、それだけその相手との再婚の可能性を考え、離婚意思が高まるはずである。この議論を確認するため、この1年で不倫をした人に対象者を絞り、不倫相手に対する満足感が離婚意思に影響を与えるかどうか分析した。しかし、分析の結果、男女ともに不倫相手に対する満足感は離婚意思と関連していなかった。ここから、不倫する人は現在の配偶者との関係を終えたいと考えているものの、離婚後に不倫相手を新たな配偶者としたいと思っているとは限らないといえるだろう。

したがって、結婚相手を換える意図のもとで不倫が行われるケースはおそらく少ないのだろう。第3章で見たように、性的不満の解消であったり、配偶者の性格に対する不満のはけ口であったり、もしくは断りきれなかったり、といった要因のもとで不倫関係をもっていると考えられる。だとすればこうした関係は当人にとって第一義的に重要ではないのかもしれない。その証左として、**図5―1**で見たように、「なんとなく」の理由で不倫関係を解消する人が多いのかもしれない。

これらの結果は、第1章で見たサーチコストの議論、すなわち不倫は再婚相手探しの過程という議論と相反する。一方でこの結果は、ロマンティック・ラブ・イデオロギーをより強化する可能性がある。松木洋人《まつきひろと》は新聞紙上の人生相談のうち婚外恋愛に関する相談を調査し、婚外恋愛を「例外」とみなす回答があることを示している。*5 そうした回答によれば、不倫はあくまで遊びに過ぎず、婚外でセックスをしたとしても、あくまで配偶関係における例外的な出来事であるということだ。不倫を例外とするかぎり、第一義的な関係は配偶者であり続けるため、性と愛と結婚の結びつきは保たれるということだ。

ただし、ここまで言い切っていいかというと難しいかもしれない。なぜなら、不倫は離婚意思や、次に見るように実際の離婚と強く結びついているからである。そのため、不倫相手とは遊びであったとしても、不倫をすることは婚姻関係にとって、少なくともポジティブな結果をもたらすとはいえないと筆者らは考える。

離婚への影響

総合調査で集めたデータはあくまで現在婚姻関係にある回答者を対象にしていたため、不倫と離婚「意思」の関係しか扱えなかった。しかし海外（特にアメリカ）では、不倫をした夫婦がその後実際に離婚しているかどうかを検討した研究が多くある。

中には不倫がその後の離婚に対して影響を与えていないという論文も一部あるものの[*6]、多くの研究では不倫と離婚の間に関連を見出している。アメリカの大規模社会調査データを用いた分析では、不倫を経験した夫婦はそうでない夫婦に比べて5・8倍別居しやすく、4・1倍離婚しやすく、2・6倍離婚とその後の再婚を経験しやすくなっている[*7]。より詳細に見てみると、男性で不倫を経験した63％が、女性では67％が、別居、離婚、もしくは再婚を経験している。

ここで、もともと離婚しそうな夫婦が不倫をするのか、不倫をしたことによって離婚するのかが問題となるだろう。つまり、相手への不満が高いために不倫し、同時に離婚もするという可能性があり、その場合は不倫そのものが離婚のきっかけではなくなる。

17年間にわたるパネル調査を使った研究によると、不倫をすることによって、その後の結婚幸福度を低め、離婚の予兆（関係の不安定性など）や実際の離婚率を高めることが明らかにされている。しかし、離婚の予兆は同時に不倫確率を高めており、双方向的な関係になっていることがわかる。[*8]

不倫が離婚のしやすさに与える効果の強さは、多くの場合、個人差がないことがわかっている。例えば不倫をした人の性別、結婚に対する満足感、結婚年数、離婚に対する考え方、第三者によるアドバイス、子どもがいるかどうかは、不倫が離婚のしやすさに与える効果の強弱と関わっていない。[*9]

一方で、妻が働いているかどうかは、夫の不倫が離婚のしやすさに対して与える効果を左右する。妻が働いていない場合は、仮に夫が不倫をしても離婚しにくくなるようである。[*10] 独りで生計を立てることが難しいため、離婚という選択肢をとりづらいのかもしれない。ほかには、親しい友人と不倫する場合にはより離婚しやすくなることもわかっている。[*11] 不倫された側からすれば、配偶者の親しい友人であるためにより強く裏切られたと思うだろうし、不倫する側からすると自らの友人が再婚相手として魅力的に映るからだろう。

不倫と子ども

第3章で見たように、親は子どもの有無や人数にかかわらず不倫をするものであり、不倫に関して「子はかすがい」という諺《ことわざ》は当てはまらない。子どもがいようがいまいが不倫をする人はするということだ。

それでは、子どもは両親の不倫によってどのような影響を受けるのだろうか。総合調査では不倫をした両親の子どもに質問はできなかったため、先行研究から考察してみよう。ただし、再三繰り返すが、両親が不倫をしたからといってその子どもが必ず以下のような特徴を有するわけではなく、あくまで平均的な傾向を述べているに過ぎない。

まず、両親の不倫は子どもの将来の家族関係や性的行動に影響を与える可能性がある。例えば、両親が不倫をしていると知った子どもは、両親が不倫をしていない子どもに比べ、両親に対する信頼や愛着の度合いが低いだけでなく[*12]、自身のパートナーに対する信頼や愛着の度合いも同様に低いことがわかっている。[*13] さらに心理的な影響だけでなく、両親が不倫をした子どもは、将来自分自身も不倫をしやすくなるようである。[*14]

こうした研究は、社会的学習理論にその説明を求めている。[*15] 個人的な経験や重要な他者の行為を観察することで、望ましい行動のあり方を学習するというものである。有名な研究に、暴力行為を観察した子どもはその後自身も暴力的になるというものがある。[*16] 両親の関係のあり方を観察したり、直接話し合うことで、子どもは自身の恋愛関係の築き方を形成する。不倫といった社会的に許容されていない行為であっても、自身の行為の選択肢の一つとして学習される可能性があるという。

不倫によって苦しむ可能性があるのは配偶者ばかりではなく、子どももそうだろう。子どもは、親の不倫によって苦痛を受けたことや、不倫が原因で親が離婚したことを理由に、不倫相手に慰謝料請求できるのだろうか。

実際のところは、子どもが不倫相手に対して慰謝料請求しても認められないことが多い。未成年の子による不倫相手への損害賠償請求については、最高裁判所１９７９年３月30日判決にて、否定的な意見が述べられている。それは、父親が家族との同居を解消して他の女性と同棲していても、子どもに愛情をかけることには関係がないと考えられているためである。不倫を行ったことによって親の時間、金銭的な投資が子どもから不倫相手に割かれること、とりわけ両親が離婚した場合には不倫によって婚姻共同生活が破壊されて一緒の時間を過ごせなくなることを考えると、子どもにも大きな影響があるように感じるが、実務上では子どもが不倫相手に慰謝料を請求しても認められにくい。

親が不倫をした子どもは、その後親とどのような関係を結ぶのだろうか。過去の研究によれば、不倫から時間が経つにつれ、親を許すようだ。親が不倫をした人（19歳から64歳）を対象にした研究では、不倫をした親を許す際には、親に対する共感と、やむにやまれぬ要因で親が不倫をしたという認識の両方が関わっていることがわかっている。つまり、親の立場になって考え、また不倫が起こった原因を親の内面ではなく外的な要因に求めるようになるプロセスを経て、さらに親の謝罪も加わって、許すことができるようになると論じられている。[*17] こうした許しのプロセスは、後で見るように配偶者間でも同様に観察されている。

不倫をした二者の間に生まれた子どもについても、少しだけ触れておく。大塚正之は12件の事例の中で、不倫相手が子どもを出産したケースが4件あることを明らかにしている。[*18]アメリカやヨーロッパを対象にした17件の先行研究をまとめた分析によると、平均して3・7％の子どもの実の父親は、法的な父親とは別に存在することが明らかになっている。[*19] ただし研究によってばらつきが大きく、0・8％から30％と開きがある。さらにこの割合は父親の経済水準と密接に関わっており、最も所得階層が低い男性の場合、自分の子どもとの生物学的なつながりがない可能性は30％程度である一方で、所得階層が高い男性の場合には2％程度という結果が得られている。日本での割合はいまだ明らかになっていないが、第2章で扱ったリスト実験などを用いた研究が今後待たれるだろう。

3　不倫を乗り越える夫婦

ここまで、配偶者が不倫を知らない場合と発覚した場合が混在していた。しかし、不倫の中で最も重要なポイントの一つは配偶者や家族に知られることであろう。不倫を知った配偶者の対応としては、知らなかったことにしたり、大喧嘩《おおげんか》をしたり、離婚を切り出したり、さらには不倫相手と配偶者に慰謝料請求をする、などが考えられる。ここでは、配偶者の不倫を知った際の心理的葛藤とその後の関係の再構築について、研究蓄積からわかっていることを共有したい。

許すまでのプロセス

配偶者の不倫を知って平静なままでいられるという人は少ないだろう。それでも、離婚をしない夫婦はどのような心理的プロセスを経ているのだろうか。聞き取り調査を通じ、マイケル・オルソンらは、不倫をしていると知った後に配偶者を許すまでの感情変化のプロセスを3つのステージ――ジェットコースター、モラトリアム、信頼形成――に分けている。[*20]

最初のステージをオルソンらはジェットコースターと形容している。配偶者の不倫が発覚した後、激しい感情の揺れ動きを経験することとなる。離婚をしなかった夫婦は、配偶者に対する怒りや復讐心、時として罪悪感といった激しい感情の渦を抑え込み、関係を再構築するために冷静に状況を把握している。

第二のステージ、モラトリアムでは、独りで考える時間をもち、不倫を意味づける期間に入る。このステージでは、不倫をされた側が精神的な回復をする過程で様々な情報を集めたり、いろいろな経験をすることとなる。例えば配偶者の不倫相手のことを細かく知りたがったり、家族や友人のサポートを得たり、子どもを通じて配偶者とコミュニケーションをとろうとしたりする。そうして、不倫がお互いにとってもつ意味や位置づけを確認する。

第三のステージは信頼形成である。このステージでは、不倫をした配偶者に対して再度関わりをもとうとしたり、コミュニケーションを増やしたりといった関係の再構築が含まれる。不倫をした配偶者が、2人の関係に対してより強いコミットメントをもったり、行動を変えたりすることで、不倫をされた側が謝罪を受け入れる段階へと進むとされる。

原因帰属と共感

配偶者に不倫をされた人は、どのようにその不倫を理解し、解釈しているのか。そしてその解釈がどのように不倫を許すことにつながっているのだろうか。一つの見方として、心理学における原因帰属モデル[*21]を応用した説明がある。原因帰属モデルでは、出来事の原因を所在、統制可能性、安定性、意図の4つの次元に分類している。1つ目の「所在」は主に個人の内的要因と環境などの外的要因に分けられる。内的要因はある行動を起こした人の性格といった内面に原因を求める。外的要因は、個人が置かれた状況がその行動を引き起こしたという認識である。2つ目の「統制可能性」は出来事の原因を統制できるかどうか、3つ目の「安定性」は原因が一定期間後も持続しているかどうか、そして4つ目の「意図」は行為の目的を意味する。

これを不倫に当てはめて考えてみよう。1つ目の所在については、不倫をした理由を相手の内面に求める場合（不倫をしたのは配偶者が不誠実な人間だから等）と、不倫をした理由を不倫の状況や環境に求める場合（不倫をしたのは別居婚だったから等）の2つの原因帰属の仕方が考えられる。次に2つ目の統制可能性は、不倫するかどうかを自ら選択できるかどうかを意味している。例えば第3章で見たように、協調的な女性は相手からの誘いを断りきれずに不倫をするが、これは統制可能性が低い場合にあたるだろう。3つ目の安定性は不倫の原因となったもの（例えば不倫に刺激を求める志向）がその後も持続するかどうか、そして4つ目の意図は、例えば不倫をすることによって配偶者の気を引いたり傷つけたいといった意図に関連している。

配偶者の不倫の原因帰属は、先に見たオルソンの3ステージモデルの第二段階、不倫の意味付けにも関わってくるだろう。不倫がなぜ行われたか、その原因を考える段階である。

原因帰属を不倫に当てはめた先行研究によれば、配偶者が不倫をしていた場合に、その原因を相手の内面ではなく不倫をした状況(外的要因)に帰属させる回答者は、不倫をした配偶者をより許しやすく、離婚をしにくいようである。[*22] 本人の内面という比較的安定した原因ではなく、環境という一時的なものによると考えることで、配偶者が今後不倫を行う可能性を低く見積もるのだろう。例えば上下関係を利用して不倫関係を迫られた場合などがこれに含まれる。

ただし、この原因帰属の仕方には困難が伴うようだ。なぜなら配偶者の不倫の原因については一般的に、配偶者の内面によるもので、より安定的であり、統制が可能で、意図的なものとみなしやすいからである。[*23] 配偶者の不倫を外的要因によるものだと認識することは困難であり、結果として配偶者の不倫を許さない場合が多くなってしまう。なお、自分自身の不倫は外的要因によるもので、統制不可能であり、不安定的で、非意図的だと認識しやすいという研究結果も同時に出ている。[*24] 言い換えると、自分の不倫には甘く、配偶者の不倫には厳しいということだ。

不倫をした配偶者を許す際のもう一つの心理的な説明として、共感（empathy）がある。中国人を対象にした研究では、不倫の原因帰属に加えて、共感、すなわち相手の立場に立って考えることが配偶者の不倫を許す際に重要になることが報告されている。[25] 共感と原因帰属は一般的に配偶者を許す際の心理的過程としてよく使われているが、[26] 不倫に関しても同様に当てはまっているようである。

本書では不倫を許すことを推奨しているわけではもちろんないが、不倫を許すことによってストレスを解消できるという研究がある。[27] ただし、不倫をする人は家庭内暴力をしやすいという研究もあり、[28] また不倫をする人は避妊をしたがらないなど公衆衛生に関わる問題を抱えている場合もある。[29] 配偶者に不倫されることによって精神的な問題を抱えるが、[30] 不倫をした配偶者と別れることによってこうした精神的な落ち込みから回復できることも報告されている。[31] また、こうした家族内の問題に加えて、不倫をしている人は職業上の不正をしやすいこともわかっている。[32]

不倫と離婚に関する研究では、信頼できる第三者の存在の重要性がしばしば説かれている。その点アメリカではカウンセリングやセラピーの視点から不倫を分析した研究が多く、不倫が起きた際には専門家に相談することの重要性もうかがえる。

＊

本章では、不倫が終わるまで、そして終わった後の家族関係について触れた。第1章ではサーチコストをもとに、不倫は再婚相手を探す過程とも捉えられると議論した。しかし、不倫をした人のおよそ3割は「なんとなく」で関係を終わらせており、また不倫相手の属性が離婚意思と関連をもたないことから、結婚相手を乗り換える意図のもとで不倫が行われるケースは少なく、不倫におけるサーチコスト理論は成り立たないのではないかと推測した。無論不倫相手と再婚する人はいるだろうが、おそらく少数派ではないか。

ただし、再婚相手が不倫相手ではないからといって、不倫が離婚とつながらないわけではない。むしろ不倫をしたことがある人は、不倫をしたことがない人に比べて離婚意思が高かった。あくまで意思であるものの、海外の研究を参照する限り、不倫は離婚への第一歩であることは間違いないだろう。

しかし、不倫が発覚しながら離婚しない家族の存在についても指摘されている。不倫という行動の原因を、本人の内面ではなく外的要因に求めることによって、不倫をした配偶者を許しているというのがそのメカニズムである。無論これは不倫を許すことを奨励するわけではないものの、第3章で見たように、不倫はたしかに外的要因によって生じている場合もあり、不倫を許す家庭も存在していると見られる。

第6章　誰が誰を非難するのか——第三者罰と期待違反

前章までは、主に不倫をする当事者について論じてきた。第2章ではどのくらいの数の人が不倫をし、第3章ではどのような人が不倫をし、第4章では誰と不倫をし、第5章では不倫関係がどのように解消されるか、そして終わった後の家族関係について概観してきた。本章では視点を変え、報道などで不倫に関する情報に触れる第三者について論じよう。とりわけ注目するのは、不倫に対する世間からの非難である。

芸能人など著名人の不倫はしばしば、不思議なくらい強い非難にあう。もちろん週刊誌やワイドショーといったメディアが無責任に煽《あお》っているという側面もあるだろう。ただそれでもなお、個々人の不倫に対する関心とネガティブな反応は見過ごすことができないほどの強度をもっている。

本章では、不倫に関する情報に触れる第三者の実態、世間はなぜ不倫を非難するのか、そして誰が誰を非難するのかについて論じよう。まずは一般に何かの違反が自らに不利益をもたらさないような状況でも、人は他人を非難しがちだが、これはなぜなのだろうか。これを理解するために、規範と第三者罰《だいさんしゃばつ》について整理しよう。そして、この考えを不倫に応用する。より具体的には、どのような属性の人が不倫をしているとより強く非難されるのか、そして不倫をする人を強く非難するのはどのような人かを、実験を通して検証する。不倫に対する非難の強さは、不倫した人物の属性によって変わるのか。特に行為者が女性であったり、相手が既婚者であったり(いわゆるダブル不倫)する場合、どのように非難の強さが変わるのか。そして非難する側の属性、例えば非難する人の性別や婚姻状態、によって非難の強さが変わるのかどうかを検討しよう。

1　規範とサンクションの関係

「この度は世間をお騒がせして申し訳ありませんでした」

――何かしらの違反を起こしたときに聞かれるセリフである。このとき、関係者への抗議の電話、SNSでの炎上、直接のいやがらせなどの形で、違反者への非難が起きることがある。なぜ直接被害を受けたわけでもない人が当事者を非難するのだろうか。人間の合理的な行為に関する研究からは、明確な答えは出ない。なぜなら関係のない他者の違反は、多くの場合、第三者（ここでは、非難する人）に直接不利益をもたらさないからだ。にもかかわらず、全く関係ない人をなぜ叩くのだろうか。

芸能人の不倫という事例で考えてみよう。不倫した芸能人はCMを降板させられ、本人や家族、スポンサーなどは損失を被るかもしれないが、関係者以外の第三者が経済的な損失を被ることはないだろう。また、不倫報道を見た人やその配偶者が、その芸能人の真似《まね》をして不倫をすることはおそらくそうないだろう。[*1] ただそれでも、不倫をしている芸能人を快く思わず、非難をする場合がある。[*2]

このように、自身の利益に関わっていない他人を非難することを、第三者罰という。[*3] 第三者罰は主に行動経済学や進化心理学などで協力行動を検証する際に用いられる理論的視座だが、近年では他人に対する拒絶だったり、[*4] 性的暴行やテロへの非難[*5]を説明する際にも用いられている。

第三者罰がもつ最も重要な機能は、社会における規範の維持だろう。この点を明確化するために、相対する概念である第二者罰について説明しよう。第二者罰は、自身に対して直接不利益をもたらす他者を罰することである。こういった他者を罰することによって、その他者は将来自身に対して不利益になるような行動はしなくなり、将来の自身の利益が確保できる。と同時に、利益を脅かしてきた他者に対する報復行動ともとれるかもしれない。理由はともあれ、第二者罰は自身に対してもたらされた不利益への反応であり、背景に社会の規範が必ずしもあるわけではない。これに対し、第三者罰は、自分の利益に関係のない他者を罰するため、真に規範的な行動だといえる。第三者罰を繰り返すことによって、罰する対象となるような行動が社会から少なくなっていく。こうした過程を経ることにより、その社会に規範が根付いていくだろう。

ただし、第三者罰が規範のみを求めて行われているという議論に対しては反論があり、第三者罰も結局は何か違反をした他者やその違反に感化された人が、将来的に自分（ここでは罰を与える第三者）に対して同じような違反をしないよう、予防効果を期待したものだともいわれている。[*6] 不倫の場合は、例えば配偶者の眼前で第三者を非難する（つまり、自身の規範的態度を示す）ことにより、配偶者の将来的な不倫行動を牽制《けんせい》しているという可能性もあるだろう。

第三者罰を行う理由については、ほかにも様々な検証が行われてきた。例えば不利益を被っている人に対する同情や[*7]、違反に対する義憤といった心理的なもの[*8]、また罰することによって自身が信頼に足る人物だと見せるためだという研究もある[*9]。さらに第三者罰は人間に特有の行動であり、人間の近縁種であるチンパンジーなどには見られない一方[*10]、1歳半から2歳の幼児でも第三者罰を行うという[*11]。

第三者罰と社会における規範の維持について示唆的な研究も行われている。12の民族集団を比べた研究によれば、構成員の数が少ない集団では第二者罰のほうがより行われるが、構成員が多い集団では第三者罰のほうがより行われるという。これは人口が増えることによって社会が複雑化し、土地の争いや食料の分配といった問題が現れてくるためだ。その際に第二者罰では違反に対応できず、より広範囲な構成員を対象として含む第三者罰が起こりやすくなる、というものである[*12]。結論的なことをいうには対象の民族集団数が少ないが、ストーリーとしては説得的ではないだろうか。

帰結主義

ここで、第三者罰がもたらす重要な帰結としての規範に焦点をあてたい。第2章の冒頭で見たように、規範とは、「ある社会における適切な行動の基準」を指す[*13]。適切な行動は、「望ましい行為」と言い換えてもいいかもしれない。[*14] この「適切な行動」「望ましい行為」とは、ある行動をすべき（またはすべきではない）という「べき論」の価値基準を含んでいる。後に述べるように法律とも重なり合っている場合もあるが、必ずしもそういった規範ばかりではない。例えば現在日本の多くの地域で歩きタバコが条例で制限・禁止されているが、中にはそうではない地域もある。ここで仮に、禁止されていない地域で歩きタバコをしたとしよう。条例で禁止されていないからといって、良心の呵責《かしゃく》なく心ゆくまで歩きタバコができるだろうか、また周囲から歩きタバコを咎められないだろうか。そうでないとしたら、それは歩きタバコに対する規範が条例や法律を超えて共有されているためといえるだろう。

先に「望ましい行為」と述べたが、ある規範の内容は何によって決められているのか。2つの考え方がある。一つは帰結主義、もう一つは関係性の論理だ。[*15] 帰結主義では、個人の行動が他の人々にとってある結果をもたらす場合、その結果が関わっている集団の全体の（もしくは一部の）効用を上げるか、もしくは下げるかで判断される。先ほどの歩きタバコの例を使うと、副流煙などで周囲に健康被害を及ぼしかねないため、望ましくなく、規範に反すると考えられるようになる。つまり行為そのものではなく、行為がもたらす結果に基づいて、その行為の良し悪《あ》しを判断している。ここで社会の集団は、規範的とされる行為から逸脱した際にもたらされる結果について、共通の認識をもっている必要がある。そしてその認識が変われば、規範も変わるということになる。

ただし、あらゆる状況において帰結主義が当てはまるわけではない。なぜ不倫が倫理にもとるか、という研究が少ないながら哲学の分野で積み重ねられているが、これらの研究は帰結主義に対して批判的である。例えば不倫の帰結の一つに配偶者を傷つけることがあるが、それでは不倫が配偶者に気づかれなければ良いということになる。不倫は人を傷つけるから反規範的なのではなく、反規範的だとみなされているから人を傷つける、とある研究者は論じている。[*16] 仮に配偶者と離婚し、不倫相手との間に生まれた子どもが感染症の特効薬を作れば、それは人類全体の効用を上げたことになるかもしれない。[*17] また仮に配偶者との関係がすでに良好でなかった場合には、配偶者が傷つかず、不倫の行為者の効用は上がる可能性があるので、不倫は許されることになるだろう。事実、不倫時点ですでに夫婦仲が修復不可能なほど破綻していれば、不倫による慰謝料は発生しない（第1章も参照）。この点については後の実験でも見てみよう。

関係性の論理

次に関係性の論理だが、行為の帰結に関する共通認識は必要なく、かわりに社会関係に基づいたアプローチをとる。社会生活を送る上で人と人との関係は重要であり、人からネガティブな評価をつけられるような行為はしたがらない。そのため他の人がどのように振る舞っているか、その振る舞いが社会的に容認されているかどうかを観察し、その観察に沿って自らの行動を決めている。歩きタバコ禁止条例が施行されていない地域でさえ人々が歩きタバコをしないのは、それが自身の社会的評価を落としかねないと考えるからだろう。これは言い換えると、行為がもたらす結果ではなく、行為そのものに対する望ましさとして規範を捉える考え方だともいえる。

不倫の場合は、多くの人が不倫をしない、もしくは多くの人が不倫を良くないことだと思っている、という知識に基づいて不倫が望ましいかどうかを判断するということになるだろう。実際に、第2章で見たように、日本では90%ほどの人が不倫について望ましい行為だとは思っていない。現在日本が一夫一妻制をとっており、配偶者に対する性的排他性を有していると多くの人は認識していることから、不倫をすると周りにどのように思われるかを想像するのは比較的容易《たやす》いことだと思われる。この考えは、メディアでの不倫の扱われ方や、友人・知人との噂話を通して強化される。

外的サンクション

それでは、人はなぜ規範を守るのだろうか。複数のメカニズムが考えられるが、[*18] ここではサンクションに注目する。サンクションとは規範から逸脱した人に対して与えられる罰のことで、外的サンクションと内的サンクションに分けられる。このうち、外的サンクションとは他者から与えられる罰であり、のちに述べるように内的サンクションとは自身の内面から発生する罰である。

外的サンクションはさらにフォーマルなものとインフォーマルなものに分けられる。フォーマルなものは法律による罰則などを指し、インフォーマルなものは他者による評価を指す。不倫の場合のフォーマルなサンクションは、民事裁判の結果課される慰謝料がこれにあたる。インフォーマルなものは、本章の主題となる非難を含む、周囲からの評価だろう。不倫が発覚した結果、仲間内や社内での評価が下がってしまうといった状況である。場合によっては社内の望まない部署に異動させられることもあるだろう。

反規範的行為に対して罰を与えることにはコストも伴う。罰を与えている人よりも、より寛容な人のほうが信頼されやすかったり、[*19]罰を与えた側の評価が下がったりする場合がある。[*20]直接的な罰よりも、反規範的行為に関する否定的なトーンのゴシップのほうが効率的に規範を守らせることができるという研究もある。[*21]不倫についてのゴシップは、おそらく誰しも一度は触れたことがあるだろう。筆者も実際、不倫研究に取り組んでいると知り合いに話すと、身近な人の不倫経験談を聞かせてもらえることがある。こうしたゴシップは、集団内で規範の重要性を再確認させるとともに、[*22] そのゴシップの対象となる人から距離を置くなど、[*23] 集団を守るために用いられている。[*24]

不倫の場合、フォーマルなサンクションは配偶者により慰謝料を請求される民事訴訟であり、インフォーマルなサンクションは評判の悪化である。両者ともに規範を維持する機能をもっているが、フォーマルなサンクションは、いくつか必要なステップがあり、それがサンクションの発生を妨げているかもしれない。まずは配偶者の不倫を知る必要があるし、その上で訴えなければならない。これだと例えば配偶者が不倫を感知しなかったり、訴えなかった場合などはサンクションに到達することができないし、仮に到達できたとしても時間がひどくかかり煩雑である。

一方で、インフォーマルなサンクションは、周囲が不倫を感知した瞬間から始まっているともいえる。そのため、こと不倫というトピックにおいては、インフォーマルなサンクションが働く余地が大きいのではないかと考えられる。ただし、フォーマルなサンクションと比べて、インフォーマルなサンクションは与える側の裁量に大きく左右されるだろう。例えば会社であれば同僚の不倫を知った第三者が上司や関係者、さらには不倫をされた配偶者にそれを伝えるかどうか、そして第三者が不倫をどう扱うか（不倫を軽く認識して噂話、重く認識して部署異動や解雇など）といった個人の判断によってサンクションの大きさが大幅に変わる。

関係性の論理に照らし合わせると、人々は他者が不倫に対して与えるサンクションの強さやサンクションを与える対象を共有している。無論自分以外の人の頭の中はわからないので確実ではないものの、他者が誰の不倫をどれくらい非難するかについて、何らかの期待をもっている。この期待が人々自身の信念や考え方として内面化され、こうした考えに基づいて他者の反規範行為を捉えている、と本書では考えよう。共有され、内面化されたサンクションを通じて、社会で規範は維持されていく。そのため、どういった人の不倫が、どのくらいのサンクションを与えられるかが重要になってくるだろう。

内的サンクション

他者による外的サンクションに加えて、内的サンクション（自己制裁）も、規範が社会に定着する過程において重要になる。自己制裁とは、規範を破った本人が自分を罰することを指し、例えば恥や良心の呵責といった心理的なものから、仕事の辞職といった社会経済的なものまで広範囲なものを含む。[*25] 外的サンクションは日常的に行われるものではないことを考えると、自己制裁にも着目すべきだろう。[*26]

不倫の文脈での内的サンクションは、「不倫したことを後悔し、その後不倫を行わない」

といったところだろう。しかしアメリカの学生を対象にした縦断的研究では、一晩だけのセックスを行った学生は、その行為を後悔するものの、後悔はその後の性行動（一晩だけのセックスをやめ、安定した交際を求めること）と関連しないことがわかっている。[*27]

無論この研究は未婚者を対象にしており、不倫とは必ずしも意味合いが同じではないが、一定の示唆は得られるだろう。特に第3章で見たように、結婚前に交際相手以外とセックスをしたことがある人は、結婚後にも不倫をしやすいことがわかっている。アメリカの研究とあわせて考えると、性的な後悔において内的サンクションは十分働いていないといえるのではないか。これは言い換えると、反不倫規範を定着させる過程では、内的サンクションではなく外的サンクションが働く必要があることを意味するだろう。つまり他者が不倫行為者に対してサンクションを与えることが、反不倫規範を定着させているということである。

2　誰が誰の不倫を責めるのか

規範とサンクションについて基本的なところを整理した。しかし規範が具体的にどのように適用されるのかは個別のトピックに大きく依存するといわれている。[*28] 反不倫規範において影響する要因は、責める第三者の要因と、責められる不倫経験者の要因に大きく分けることができるだろう。まずは両方の要因に関連している「社会的アイデンティティ理論」と「期待違反理論」という2つの理論を紹介し、2つの理論をそれぞれの要因に当てはめ、仮説を立てよう。続く第3節では、実際に実験を行ってこれらの仮説を検討する。

社会的アイデンティティ理論と期待違反理論

不倫をしている人を責めるのはどういった人か、そして誰が責められるのか。これを予想するため、理論的視座として、社会的アイデンティティ理論と期待違反理論を用いよう。[*29]

まず、社会的アイデンティティ理論では、「我々」と「彼ら」というカテゴリー分けがなされ、そのカテゴリーが強く認識されていることを前提とする。人は自身が所属している集団（これを内集団と呼ぶ）に自己イメージやアイデンティティを求める。会社勤めの人が、「自分は○○社の人間だ」という事実が自分を形成している、と思ったりすることだ。内集団は同時に自尊心の源泉となり、高い自尊心を保つために、内集団やその構成員に対してポジティブなイメージを付与するようになる（第3章も参照）。

さらに、集団は関連し合っているため、内集団から高い自尊心を得るために、自分が所属していない集団（外集団）を相対的に低く見ることがある。こうした傾向をそれぞれ内集団選好と外集団卑下と呼ぶ。[*30] その結果、自身が所属している集団の構成員にはより好意的に接し、所属していない集団の構成員にはより非好意的な態度をとるのである。例えば日本人アイデンティティが強い人は外国人に対してより差別的な態度をとることが知られている。[*31] 先ほどの第三者罰でも、内集団のメンバーが被害者になっている場合には、加害者をより強く罰することがわかっている。[*32]

一方、期待違反理論は、人は集団に対して何らかのステレオタイプを抱いている、とする。ここで仮に、「ある集団に所属している人」に関する情報が得られたとしよう。その情報が事前に抱いていたステレオタイプに反するような（つまり期待に反するような）情報であった場合は、ステレオタイプに合致する情報である場合よりも、より強くその人に対する感情に影響する。[*33]

例えば、「眼鏡《めがね》をかけている人は頭が良い」というステレオタイプを抱いていたとしよう。[*34] 眼鏡をかけている友人がカンニングをしているところを目撃した場合、これはステレオタイプに違反する行為であり、かつ規範にも反する行為となる。期待違反理論に則れば、眼鏡をかけていない友人がカンニングをした場合よりも、眼鏡をかけている友人がカンニングをした場合のほうが、より強く非難されることになる。なぜかというと、ステレオタイプに反する行為に対して注意を向けやすく、感情も同時に強く喚起されるからだと説明されている。[*35]

誰が誰を責めるのか

今紹介した2つの理論を、誰が誰の不倫を責めるのか、という問いに応用してみよう。

まず社会的アイデンティティ理論に基づくと、非難する人自身が所属している集団が重要になる。ここでは性別と婚姻状態に着目しよう。例えば不倫を非難する人が男性であれば、不倫をした男性を責めることは少なくなり、女性をより強く責めるだろう。反対に、女性は不倫をした男性を、不倫をした女性よりも強く責めると考えられる。次に、婚姻状態に着目し、既婚者と未婚者を比較した場合には、未婚者のほうが不倫をする既婚者を責める、ということになるだろう。

一方で、期待違反理論の観点からは異なった予想が立つ。一般的なイメージとして、男性はより性的なものと結びつけて考えられている一方で、女性は相対的に性的なものから遠ざかった印象を付与されているだろう。そのため、回答者が男性であれ女性であれ、不倫をした女性を強く責め、男性を責めなくなる。これは回答者が女性の場合には、社会的アイデンティティ理論とは逆の予想となる。社会的アイデンティティ理論では、女性回答者は不倫をする男性のほうを女性より強く責めると予想できるが、期待違反理論では、女性回答者は不倫した女性を責めて男性を責めないことになる。より砕けた言い方をすれば、「浮気は男の甲斐性《かいしょう》」であり、男性は不倫をするものだからしょうがない、と見逃すということだ。このように、学術研究において理論的な予想はしばしば衝突する。こうした対立を解消するためには、実際にデータを集めて検証する必要があるだろう。

期待違反理論の観点から、他の仮説も立ててみよう。不倫をしそうにない人が不倫をした場合には、より強く責められると予想できるだろう。例えば夫婦円満であれば不倫はしにくいと一般には考える。特に第3章で見たように、男性は配偶者への性的な満足感が高ければ、女性は配偶者の人格への満足感が高ければ、不倫をしないことがわかっている。円満に見える夫婦、例えば日常生活において会話やセックスをしている夫婦は、不倫をしないと考えられる。同様に、子どもがいること、そして不倫相手に家族がいることも不倫をしそうにないと見られる要因になるだろう。こうした条件に当てはまるにもかかわらず、不倫をした人はより強く責められると予想される。

それでは、これらの仮説を検証するための実験手法を紹介した上で、その後実際の実験結果に移ろう。

3 実験の仕組みと結果

コンジョイント分析

表6-1　コンジョイント分析例

質問：AさんとBさん、どちらの方が結婚満足度が高いと思いますか？

	Aさん	Bさん
性別	女性	男性
年齢	32歳	48歳
最終学歴	修士卒	学部卒
結婚年数	2年	12年
平日の配偶者との会話時間	ほぼ会話をしていない	2時間程度

本研究では実験手法を使って、不倫行為者に対する非難の度合いを検討する。ここではコンジョイント分析と呼ばれる手法を用いる。コンジョイント分析とは、経営学で応用され、近年では政治学で理論的・実証的に発展してきた実験手法である。

表6－1に例示したように、回答者に対し一対の人やものを提示し、質問に回答するよう求める。ここで示した「年齢」や「最終学歴」などは属性と呼び、その中身である「32歳」「修士卒」などは水準と呼ぶ。そして、この水準のまとまりであるAさんやBさんを指してプロファイルと呼ぶ。

プロファイルに関する質問に答える一連の流れをタスクという。回答者はこのタスクを何度か繰り返すことを求められるが、Aさん・Bさんのプロファイルの中身は毎回のタスクで変わっている。毎回のタスクでそれぞれの水準がランダムに選ばれており、同じプロファイルが何度も生成される可能性は限りなく低い。

この手法の優れたところは、属性として組み込んだ変数の効果を一定にした上で、他の変数の影響を見ることができる点にある。

表6―1では「AさんとBさんのどちらの結婚満足度が高いと思うか」を聞いている。ここで仮に、結婚満足度を決める上で重要な変数である「平日の配偶者との会話時間」という情報が与えられなかったとしよう。その場合、AさんとBさんの「結婚年数」が、会話時間を暗に意味していると回答者は考えるだろう。結婚年数が長くなるにつれ、会話時間が下がる可能性があるからだ。すると、「結婚年数」という変数は、本来の結婚年数の効果に加えて、会話時間の効果も含んでいることになってしまう。一方ここで、「会話時間」という情報を実験に入れると、「結婚年数」のより純粋な効果を見ることができる。[*36]

分析概要

本章の分析のため、第2章で用いた実験調査を再度用いる。回答者は既婚者・未婚者・離死別者をあわせた1840名である。

表6―1に例示したようなコンジョイント分析を本研究でも用いる。属性と水準の一覧は表6―2のとおりである。基本的にはそれぞれの属性について、1つの水準がランダムに選ばれる。ただし結婚年数と年齢、不倫相手との交際期間については、「29歳で結婚30年目」といったありえない組み合わせが出現しないように手を加えている。

前節では回答者や不倫をしている人の性別に焦点を当てたが、それ以外の多くの属性を実

表6-2　コンジョイント分析で用いる属性と水準

属性	水準
性別	男性／女性
子ども	いない／１人／２人
年齢	29歳／35歳／44歳／52歳
結婚年数	3年目／5年目／7年目／13年目／22年目／30年目
職業	芸能人／コンビニの店員／看護師／保育士／小学校教師／プログラマー／銀行員／専業主婦(夫)／経営者／衆議院議員
平日の配偶者との会話時間	ほぼ会話をしていない／30分未満／1時間程度／2時間程度／3時間程度
配偶者とのセックスのおおよその頻度	週に3回／週に1回／月1回／3ヶ月に1回／半年に1回／1年に1回／ほぼしていない
不倫相手に、自分が既婚であることを	伝えている／隠している
不倫相手との出会い	職場／アプリ／友人の紹介
不倫関係に誘った側	自分から／不倫相手から／どちらからともなく
不倫相手との交際期間	3ヶ月／半年／1年／3年／5年
不倫相手の年齢	23歳／29歳／36歳／45歳／53歳
不倫相手の家庭	配偶者はいない／配偶者がおり、子どもはいない／配偶者がおり、子どもが１人

験に盛り込んでいる。これによって、どういった人が非難されるのかを検証しよう。例えば出会いが職場かアプリか友人の紹介かの違いは非難の強弱に関わるのか、不倫関係に自分から誘うと非難されやすいのか、などである。これらは第4章でも言及したが、こうした属性に基づいて人は不倫を非難するかどうかを実験により検証する。

表6－3に、実際に実験に用いたコンジョイントのデザイン（一部）を示した。AさんとBさんの2人のプロファイルが示された後、それぞれについてどの程度非難さ

表6-3　実際のコンジョイントデザイン（一部抜粋）

質問：以下のAさんとBさんは、既婚者ですが、それぞれ自分の配偶者以外とセックスをしています（AさんとBさんのセックスの相手はそれぞれ別の人です）。AさんとBさんについての記述をよく読み、次の質問にお応えください。

	Aさん	Bさん
性別	女性	男性
子ども	いない	1人
年齢	35歳	29歳
結婚年数	3年目	7年目
職業	プログラマー	専業主婦(夫)
以下省略		

れるべきかを聞いている。繰り返すが、この中身は表6－2の要素から毎回ランダムに生成される。手法の詳細については、章末に記しており、そちらも参照してもらいたい。

ここで注意したいのは、本研究ではあくまで個人の信念について質問しており、不倫に対する実際のバッシング行動ではないということだ。不倫をした人に対して直接的でも間接的にでもサンクションを行うにはコストがかかる。直接その人を注意するのは勇気がいるし、知り合いと結託してその人を仲間はずれにしようなどと提案すれば、嫌な人間に思われるだろう。そのため、信念と実際の行動の間には乖離《かいり》がある可能性がある。

信念と実際の行動との関連については、長らく社会科学研究の関心事であった。例えば外国人に対する排外意識（否定的な感情）と実際の差別行動の間には関連がない、つまり外国人に対してネガティブに思っていたとしても、外国人に対して実際に差別行動を起こすわけではない、といわれてきた。[*37] しかし、近年の実証的な研究の多くは、排外意識と差別の間の関連を示している。[*38] 市民権を与えられやすい外国人の属性は、質問紙上の架空のものと現実のものとが類似しているという研究もある。[*39] こうした研究をもとに、「非難されるべき」という信念は、ある程度将来の行動を予測するのだという観点に立って実験を進めよう。

誰が責めるのか――実験結果

さて、第2節では社会的アイデンティティと期待違反理論に基づいて、どういった人が不倫を責めやすいか仮説を立てた。コンジョイント分析の結果をもとに、誰が責めるのか、そして誰を責めるのかを順に見ていこう。詳細な結果は表6－4のとおりである。表の見方は第3章を参考にしてもらいたい。[*40] この場合、実験条件の係数は、ある条件が与えられた場合に高まる（低まる）非難の度合いを示している。表中の「全体モデル」は回答者全員の傾向、「男性モデル」は男性回答者に限定した分析、「女性モデル」は女性回答者に限定した分析となっている。

まず、誰が責めるのかを見よう。

男性回答者は、不倫をしている人が男性だろうが女性だろうが、非難の度合いは変わらな

	全体モデル		男性モデル		女性モデル	
配偶者との会話時間（基準：ほぼ会話しない）						
30分程度	–.003	(.035)	–.009	(.051)	–.006	(.048)
1時間程度	.000	(.035)	–.008	(.052)	–.008	(.046)
2時間程度	.021	(.034)	.044	(.048)	.001	(.047)
3時間程度	–.035	(.036)	–.052	(.052)	–.013	(.049)
配偶者とのセックスの頻度（基準：ほぼしていない）						
1年に1回	.043	(.039)	.024	(.057)	.062	(.052)
半年に1回	.005	(.042)	–.030	(.062)	.043	(.056)
3ヶ月に1回	.034	(.039)	–.037	(.057)	.106	(.055)
月に1回	.044	(.040)	.025	(.057)	.071	(.056)
週に1回	.072	(.039)	.047	(.056)	.105	(.054)
週に3回	.070	(.042)	.084	(.059)	.064	(.058)
不倫相手との出会い方（基準：職場）						
友人の紹介	–.017	(.026)	–.046	(.038)	.012	(.036)
アプリ	–.030	(.026)	–.036	(.038)	–.017	(.035)
不倫相手に自分が既婚者だと（基準：伝えている）						
隠している	.120***	(.022)	.117***	(.033)	.121***	(.030)
どちらが関係に誘ったか（基準：自分から）						
どちらからともなく	.029	(.022)	.083*	(.039)	–.014	(.037)
不倫相手から	.007	(.027)	.042	(.040)	–.023	(.036)
不倫期間（基準：1ヶ月）						
3ヶ月	–.025	(.036)	–.064	(.053)	.026	(.048)
1年	–.036	(.035)	–.054	(.051)	–.022	(.047)
3年	–.024	(.035)	.033	(.051)	–.068	(.047)
5年	.006	(.036)	–.021	(.052)	.039	(.048)
不倫相手の年齢（基準：23歳）						
29歳	–.021	(.035)	–.065	(.048)	.024	(.049)
36歳	.005	(.034)	–.024	(.048)	.043	(.048)
45歳	–.049	(.034)	–.103*	(.049)	–.003	(.049)
53歳	–.009	(.035)	–.035	(.050)	.017	(.049)
不倫相手の家庭（基準：未婚）						
配偶者がおり、子どもはいない	.023	(.027)	.105*	(.040)	–.052	(.038)
配偶者がおり、子どもが1人	.027	(.027)	.092*	(.039)	–.027	(.036)
N	10,366		5,016		5,350	

*p<.05, **p<.01, ***p<.001

表6-4　コンジョイント分析　誰が誰の不倫を非難するのか

	全体モデル		男性モデル		女性モデル	
個人属性						
男性（基準:女性）	-.225***	(.046)	–		–	
年齢	-.007***	(.002)	-.008**	(.003)	-.006*	(.003)
婚姻状態（基準:未婚）						
既婚	-.061	(.054)	-.037	(.074)	-.091	(.078)
離死別	-.085	(.096)	-.160	(.157)	-.042	(.121)
学歴（中高卒）						
専門学校・短大卒	-.124	(.065)	-.298*	(.116)	-.053	(.080)
大学卒	-.085	(.054)	-.104	(.074)	-.084	(.080)
実験条件						
男性（基準:女性）	.093***	(.022)	.018	(.032)	.154***	(.029)
家族（基準:子どもがいない）						
1人	.090**	(.027)	.083*	(.040)	.096**	(.037)
2人	.045	(.027)	.007	(.041)	.078*	(.035)
年齢（基準:29歳）						
35歳	.009	(.036)	.044	(.052)	-.026	(.050)
44歳	.008	(.035)	.039	(.049)	-.025	(.050)
52歳	.037	(.036)	-.008	(.050)	.065	(.052)
結婚期間（基準:3年）						
5年	.026	(.032)	.063	(.047)	-.014	(.044)
7年	.003	(.032)	.014	(.046)	-.018	(.044)
13年	-.044	(.038)	.023	(.054)	-.109*	(.053)
22年	-.129**	(.041)	-.151*	(.060)	-.110*	(.055)
30年	-.124*	(.055)	-.048	(.079)	-.179*	(.076)
仕事（基準:衆議院議員）						
専業主婦（夫）	-.068	(.049)	-.074	(.073)	-.060	(.066)
コンビニの店員	-.121*	(.049)	-.141	(.072)	-.100	(.067)
保育士	-.063	(.050)	-.092	(.074)	-.043	(.068)
小学校教師	-.066	(.049)	-.092	(.071)	-.031	(.068)
看護師	-.169***	(.049)	-.157*	(.071)	-.192**	(.069)
プログラマー	-.129**	(.047)	-.183**	(.068)	-.083	(.066)
銀行員	-.142**	(.049)	-.170*	(.070)	-.112	(.068)
経営者	-.146**	(.049)	-.165*	(.069)	-.110	(.070)
芸能人	-.202***	(.049)	-.220**	(.073)	-.179**	(.067)

い。一方、女性回答者は不倫をしている人が男性の場合、より強く非難することがわかった。女性回答者には、社会的アイデンティティの理論が当てはまるといえるだろう。「男性は浮気をするものだから」とか「浮気は男の甲斐性」などといったステレオタイプに基づいた言い回しは女性回答者には通用せず、不倫をする男性はかえって強く非難されるということだ。つまり、「期待違反理論」は当てはまらないということがわかる。

それ以外で分析に投入した、回答者の婚姻状態や学歴などの変数は、不倫をした人に対する非難の度合いと関連をもたなかった。社会的アイデンティティからいえば、既婚者は既婚者の不倫に寛容になると考えたが、必ずしもそうではないようである。

また意外なことに、回答者の年齢がより若ければ不倫をしている人を非難しやすいという結果となった。一般的に年齢が若い場合(またはコーホート——簡単にいうと世代——が下の場合)、より非伝統的なセックスのあり方(不倫や婚前交渉、同性愛など)に対して肯定的になると思われてきた。[*41] これは世代が下るにつれ、個人に重きを置いた価値観が主流になると考えられていたからだ。ただし不倫に関していえば、どうやらそこまで単純でもないようである。例えば最近のイギリスの研究では、若いコーホートにおいて不倫に対して不寛容な人が増えてきていることがわかっている。[*42] こうした傾向に対して、この研究はいくつかの解釈を与えている。まず、若いコーホートの中で、他者に対する信頼や誠実さ、配偶者との感情的な親密さを重視する傾向があるということ。さらに性のあり方が多様化する中で、結婚をあえて選ぶ人は配偶者への忠誠心が高いはずだと考えるようになっていること。次に、昔に比べて現代は離婚がよりしやすくなっているという特徴に基づいた解釈も考えられる。離婚のしやすさが高まったために、不倫が離婚を誘発するリスク要因としてみなされやすくなっており、そのため不倫に反対するというものだ。一方で離婚がしやすいために、離婚せずに不倫をすることは不必要だと考えているからかもしれない。こうした説明のうち、どれが最も正しいか、それとも他の説明があるのかはわかっていない。今後の研究が期待される。

誰を責めるのか――実験結果

次に、どういった人が不倫をしていれば、より強く責められるのだろうか。

前節では期待違反理論に基づき、不倫をしなさそうな人が不倫をしている場合にはより強く責められるだろうと考えた。しかしこの予想は一部の属性にしか当てはまらなかった。例えば不倫をした人に子どもがいると、その人に対する非難の度合いが強まった。しかし、この効果は子どもが増えるほど強くなるわけではなく、（特に男性において）子どもが1人の場合に効果が見られた。[*43] 解釈が難しいが、実験条件に子どもの年齢を加えなかったところから解釈できるかもしれない。例えば子どもが1人だけの場合は、子どもの年齢が低いと読み取って、不倫をしている人の配偶者に子どもの世話が集中的に偏っている状況を思い浮かべたのではないだろうか。もしくは、第1子ができることが、家庭を新しく始める段階にあると読み取り、その段階での不倫を非難したとも考えられる。

一方で不倫をした人と配偶者との会話時間やセックスの頻度は、非難の度合いとは関連がなかった。配偶者との仲の良さは、非難の度合いとほぼ関係がないといえる。言い換えると、夫婦仲が悪いからといって、不倫をしても周囲から許されるわけではないことを意味しているだろう。

ただ、結婚後ある程度年数が経っている人が不倫をした場合には、非難されにくいようである。これはセックスの頻度や会話時間とは別に独立で効果をもっており、会話をしていようがセックスをしていようが（またはその逆でも）、年数が経ってさえいれば不倫をしても非難されにくい。「性的排他性を保持すべき」と考えられる期間のようなものがあり、それを超えていれば、夫婦仲が良くても悪くても、不倫はある程度非難されにくくなるのだろうか。

そのほか、不倫相手の属性や出会い方についても検討したが、ほぼすべて関係がなかった。例えば不倫の期間、不倫相手の年齢、出会い方（職場か、アプリか、など）、どちらが不倫関係に誘ったか、などである。他方で、不倫相手の家庭環境（既婚か、子どもがいるか）は男性回答者のみに効果があり、男性は不倫相手が既婚の場合（ダブル不倫）、不倫をしている人をより強く非難する傾向にあった。

ほかに特筆すべき結果として、不倫をした人の職業に基づいて非難の度合いが変わるということがわかった。不倫をした人が政治家（衆議院議員）だった場合には、特に強く非難されるようである。政治家の不倫についてはしばしば過去の研究でも触れられているが、モラルに反すべきでないという期待を政治家に対して抱いているため（これは期待違反理論に合致する）、そこから外れた政治家に対してより強く非難が集まると解釈されている。[*44] 政治家の行動には規範的なイメージがつきまとうし、不倫にかかった費用の出処《でどころ》をいぶかしく思う人もいるかもしれない。

一方、政治家と比較した場合、最も非難されないのは、意外にも芸能人だった。2つの理由が考えられるだろう。一つには、メディアで報道されすぎていて、芸能人は不倫をするもの、というイメージが形成されてしまっており、もうあえて非難するほどでもないという理由である。もう一つは、人々は真に芸能人の不倫を非難していないというものである。第三者罰で見たように、他者を非難することによって集団の規範が維持される。芸能人の行動が社会の規範とは関連が低く、非難しても意味がないと考えているのかもしれない。ただし、芸能人の行動に関する報道が人々に影響を与えないとまではいえない。例えば芸能人や著名人の自殺報道が、その後の自殺率を上げるという研究があるからである。[*45] どちらにせよ、メディアでの報道はおそらく芸能人の不倫に集中しやすいが、感情を喚起するという観点、そして公共の利益という観点からは、政治家の不倫のほうが注目に値するといえるだろう。

なお、不倫をしたことがある回答者に限った上で同様の分析を行ってみたものの、ここまで記した結果と基本的に変わりがなかった。つまり、不倫をしたことがあってもなくても、不倫をする人の属性に同じように反応して非難をしていた。ただし不倫をしたことがある人は、全体的に非難の度合いが低かった。

＊

本章では、今までの章とは視点を変え、不倫への非難に焦点を当てた。芸能人の不倫や身近な人の不倫に対して、誰もが一度は不快感を示したことがあるのではないか。本章ではこうした不倫に対する否定的な感情に踏み込んで分析した。不倫を非難することを規範の観点から位置づけ、実験研究を通して具体的にどういった人が、どういった人を非難するのかを検証した。

本章の分析を一言でまとめると、不倫に対する非難を低減させる条件を揃《そろ》えることは難しい、とでもいえるだろうか。男性に不倫はつきものだから、とか、夫婦仲が冷めているから、とか、不倫が許されそうな条件はいくつか思い浮かぶ。しかし本章の分析によれば、そうした考えはだいたい誤っているのだ。性別や夫婦の仲の良さ（そして不倫相手の属性）は不倫の免罪符としては働きにくいということだ。

補論　コンジョイント分析の手続き

第3章と同様に、手法と結果についてより具体的に見ていこう。

データと変数

データは第2章で紹介した実験調査である。対象者は1840人の未婚・既婚・離死別者である。コンジョイント分析において、分析単位はプロファイル一つ一つになる。つまり、**表6－1**でいう候補者Aと候補者Bが一つ一つの分析単位となる。今回は2つのプロファイルに対してどの程度非難されるべきか評価をしてもらい、そうしたタスクを3回繰り返す。そのため同一回答者が6人分のプロファイルの評価をすることとなり、2×3×1840（＝1万1040）がサンプルサイズとなる。ただし、実験の際の不手際で一部のサンプルを除外せざるを得なくなり、また、自身の個人属性についての質問に回答していない人は除外している。そのため実際のサンプルは1万366となっている。

ところで、プロファイルの組み合わせの数に比してサンプルサイズが少なすぎると考える鋭い読者もいるだろう。プロファイル、つまり水準の組み合わせの数は膨大で、本研究の場合には2（男性／女性）×3（子どもがいない／1人／2人）×……と、6804万とおりとなる。しかし、コンジョイント分析の関心は各プロファイル（つまり、特定の組み合わせ）そのものの効果ではなく、個別の水準の効果となる。例えば男性の効果を見たいときには、性別が男性のプロファイルに対する評価をすべて平均して計算されている。これを **average marginal component effects**（AMCEs）と呼ぶ。

本研究での独立変数は、コンジョイント分析における実験条件と、回答者の個人属性に分けられる。実験条件は本文で紹介した**表6－1**のとおりである。こうした条件が、各属性につき一水準ずつ各プロファイルに対してランダムに割り振られる。ランダムであるため、だいたい均等な数が割り振られているが、本文で言及したように年齢と結婚期間、不倫期間の間で制限を加えている。

個人属性は、性別、年齢、婚姻状態、学歴を投入した。内訳は**表6－1**を参照してもらいたい。

従属変数は、プロファイルを与えられた個人が非難されるべきかどうかという質問に対する回答で、5件法で収集している。具体的には、強く非難されるべきだと思う（5）、非難されるべきだと思う（4）、どちらともいえない（3）、非難されるべきではない（2）、まったく非難されるべきではない（1）。分析には重回帰分析を用い、クラスター標準誤差を用いている。

あとがき

本書は、異なる分野の研究者による書籍である。著者の一人の五十嵐は、これまで移民に関する社会学的研究に、もう一人の迫田は所得格差に関する経済学的研究に取り組んできた。不倫にまつわる事柄を専門としてきたわけではない。

まえがきでも述べたように、人々の不倫について私たちの興味関心は高い。有名人や知人の不倫を聞けば、不倫をする人の特徴や傾向などを見出したりする。どのような特徴や傾向を見出すかは、個人の経験や憶測によるところが多く、そのために、いたずらに傷ついたり、不安を感じたりしたことがある人も少なくないだろう。

このような個人の経験や憶測が本来の姿を反映した偏りのないものか、そして事実であるのか——。本書は実態がよく把握されていない不倫について人々にアンケート調査を行い、得た情報に実証分析を行って、真の姿に迫ろうとしたものである。この姿勢は、異なる分野ではあるが社会科学分野で研究を行ってきた両著者に共通する姿勢であり、今回は「誰が、誰と、なぜ不倫をし、誰の不倫を誰が批判しているか」についてまとめることとなった。
もっとも、データの制限のために因果関係を特定できていなかったり、不倫行動に関するすべての事柄をカバーできていなかったりと限界はある。本書では社会科学の立場から論を進めたが、自然科学や進化心理学といった事柄に関心をもつ人にとっては不満の残る内容だったかもしれない。加えて再三繰り返すが、今回得られた結果はあくまで平均的な傾向を表すもので、すべての個人に当てはまるわけではないことを留意してもらいたい。ただ、不倫に関して人々の話題になるトピックはおおよそ網羅したのではないかと思っている。

本書は、不倫という人々の関心は強いものの、内実が分かっておらず、そしてスキャンダラスなテーマを扱っている。それだけに出版までに多くの方々のご協力を頂いた。ここに心からの感謝を記したい。

調査資金は公益財団法人村田学術振興財団（採択番号：H31助人14）の助成によるものである。第3章の一部分析にあたり、東京大学社会科学研究所附属社会調査・データアーカイブセンターSSJデータアーカイブから「第7回青少年の性行動全国調査」（青少年の性行動全国調査研究会）の個票データの提供を受けた。総合調査の実施にあたっては、京都大学の岩井《いわい》八郎《はちろう》氏に調査票のチェックをして頂いた。また、各章はそれぞれの専門に近い方々にコメントを頂いた。松木洋人《まつきひろと》氏、久保田裕之《くぼたひろゆき》氏、秦正樹《はたまさき》氏、打越文弥《うちこしふみや》氏、平森大規《ひらもりだいき》氏、佐藤一《さとうかず》磨《ま》氏、大林真也《おおばやししんや》氏と、法律監修をしてくださった山田祥也《やまだしょうや》弁護士に心から感謝を申し上げる。ほかにも、執筆過程で岡田玖美子《おかだくみこ》氏、園田薫《そのだかおる》氏、石橋挙《いしばしあぐる》氏、金兌恩《キムテウン》氏、太田昌志《おおたまさし》氏からコメントを頂いた。日常会話を通じて研究のヒントをくださったり、執筆を後押ししてくださった方々もいた。名前を書ききることができないが、お礼申し上げる。最後に、本書の出版を可能にしてくださった中公新書編集部の田中正敏氏のご好意とご支援に心より感謝したい。

2022年10月

五十嵐　彰
迫田さやか

Rajan, A., & Pao, C. (2022). Who has room for error? The effects of political scandal for minority candidates. *Electoral Studies*, 77: 102460.

45 Phillips, D. P. (1974). The influence of suggestion on suicide: Substantive and theoretical implications of the Werther effect. *American Sociological Review*, 39 (3): 340-354.

Stack, S. (1987). Celebrities and suicide: A taxonomy and analysis, 1948-1983. *American Sociological Review*, 52 (3): 401-412.

comparison and integration of three theories. *Journal of Personality and Social Psychology*, 52 (3): 536-546.

34　認知能力に関連する遺伝子と、目の良さに関連する遺伝子には重複が見られることがわかっている（Davies, et al., 2018)。そのため、もしかしたら眼鏡をかけている人は頭がいいというステレオタイプは正しいのかもしれない。

Davies, G., Lam, M., Harris, S. E., Trampush, J. W., Luciano, M., Hill, W. D., ... & Stott, D. J. (2018). Study of 300, 486 individuals identifies 148 independent genetic loci influencing general cognitive function. *Nature Communications*, 9 (1): 1-16.

35　Bartholow, B. D., Fabiani, M., Gratton, G., & Bettencourt, B. A. (2001). A psychophysiological examination of cognitive processing of and affective responses to social expectancy violations. *Psychological Science*, 12 (3): 197-204.

36　コンジョイント分析の理論的な側面についてはHainmueller, Hopkins, & Yamamoto (2014) を参照。

Hainmueller, J., Hopkins, D. J., & Yamamoto, T. (2014). Causal inference in conjoint analysis: Understanding multidimensional choices via stated preference experiments. *Political Analysis*, 22 (1): 1-30.

37　LaPiere, R. T. (1934). Attitudes vs. actions. *Social Forces*, 13 (2): 230-237.

Pager, D., & Quillian, L. (2005). Walking the talk? What employers say versus what they do. *American Sociological Review*, 70 (3): 355-380.

38　Habtegiorgis, A. E., Paradies, Y. C., & Dunn, K. M. (2014). Are racist attitudes related to experiences of racial discrimination? Within sample testing utilising nationally representative survey data. *Social Science Research*, 47 (2): 178-191.

Rooth, D. O. (2010). Automatic associations and discrimination in hiring: Real world evidence. *Labour Economics*, 17 (3): 523-534.

39　Hainmueller, Hangartner, & Yamamoto (2015). スイスの一部の州では、国民投票によってひとりひとりの外国人が市民権を得られるかどうか決めていたという（衝撃の）施策を使って実際の行動と質問紙上の行動との比較を行っている。

Hainmueller, J., Hangartner, D., & Yamamoto, T. (2015). Validating vignette and conjoint survey experiments against real-world behavior. *Proceedings of the National Academy of Sciences*, 112 (8): 2395-2400.

40　ロジスティック回帰分析ではないのでオッズ比は提示していない。

41　Scott, J. (1998). Changing attitudes to sexual morality: A cross-national comparison. *Sociology*, 32 (4): 815-845.

42　Watt, L., & Elliot, M. J. (2017). Continuity and change in sexual attitudes: A cross-time comparison of tolerance towards non-traditional relationships. *The Sociological Review*, 65 (4): 832-849.

43　子どもが０人の場合と比べて１人の場合に全体と男性回答者で有意であり、２人の場合は女性回答者のみで有意であった。ただし女性回答者でも、子ども２人の効果は１人のときより下がっている。

44　Barnes, T. D., Beaulieu, E., & Saxton, G. W. (2020). Sex and corruption: How sexism shapes voters' responses to scandal. *Politics, Groups, and Identities*, 8 (1): 103-121.

22 Shank, D. B., Kashima, Y., Peters, K., Li, Y., Robins, G., & Kirley, M. (2019). Norm talk and human cooperation: Can we talk ourselves into cooperation?. *Journal of Personality and Social Psychology*, 117 (1): 99-123.
23 Feinberg, M., Willer, R., & Schultz, M. (2014). Gossip and ostracism promote cooperation in groups. *Psychological Science*, 25 (3): 656-664.
24 Beersma, B., & Van Kleef, G. A. (2012). Why people gossip: An empirical analysis of social motives, antecedents, and consequences. *Journal of Applied Social Psychology*, 42 (11): 2640-2670.
25 吉良洋輔 (2017)「繰り返しゲームにおける社会規範の内面化と自己制裁——規範に従う心」『理論と方法』32 (2): 271-289.
26 大林真也 (2017)「社会規範への数理社会学アプローチ」『理論と方法』32 (2): 228-241.
27 Kennair, L. E. O., Grøntvedt, T. V., & Bendixen, M. (2021). The function of casual sex action and inaction regret: A longitudinal investigation. *Evolutionary Psychology*, 19 (1): 1474704921998333.
28 Horne, C., Dodoo, N. D., & Dodoo, F. N. A. (2018). The conditionality of norms: the case of bridewealth. *Social Psychology Quarterly*, 81 (4): 319-339.
29 Bettencourt, B. A., Manning, M., Molix, L., Schlegel, R., Eidelman, S., & Biernat, M. (2016). Explaining extremity in evaluation of group members: Meta-analytic tests of three theories. *Personality and Social Psychology Review*, 20 (1): 49-74. による、集団構成員に対する評価に関する理論的整理に一部基づく。
30 英語では ingroup favouritism と outgroup derogation。Tajfel (1982); Tajfel and Turner (1979); Turner et al. (1987) など。まとめとして、Hornsey (2008) を参照。
Hornsey, M. J. (2008). Social identity theory and self-categorization theory: A historical review. *Social and Personality Psychology Compass*, 2 (1): 204-222.
Tajfel, H. (1982). Social psychology of intergroup relations. *Annual Review of Psychology*, 33 (1): 1-39.
Tajfel, H., & Turner, J. C. (1979). An intergrative theory of intergroup conflict. In W. G. Austin & S. Worchel (Eds.), *The Social Psychology of Intergroup Relations* (pp. 33-47). Monterey, CA: Brooks/Cole.
Turner, J. C., Hogg, M. A., Oakes, P. J., Reicher, S. D., & Wetherell, M. S. (1987). *Rediscovering the Social Group: A self-categorization Theory*. New York: Blackwell.
31 五十嵐彰 (2019)「排外主義——外国人増加はその源泉となるか」田辺俊介編『日本人は右傾化したのか——データ分析で実像を読み解く』勁草書房 p.94-114.
32 Delton, A. W., & Krasnow, M. M. (2017). The psychology of deterrence explains why group membership matters for third-party punishment. *Evolution and Human Behavior*, 38 (6): 734-743.
33 Expectation-violation theory の訳語である。
Bettencourt, B. A., Manning, M., Molix, L., Schlegel, R., Eidelman, S., & Biernat, M. (2016). Explaining extremity in evaluation of group members: Meta-analytic tests of three theories. *Personality and Social Psychology Review*, 20 (1): 49-74.
Jussim, L., Coleman, L. M., & Lerch, L. (1987). The nature of stereotypes: A

Pedersen, E. J., Kurzban, R., & McCullough, M. E. (2013). Do humans really punish altruistically? A closer look. *Proceedings of the Royal Society B: Biological Sciences*, 280 (1758): 20122723.

7　Pfattheicher, S., Sassenrath, C., & Keller, J. (2019). Compassion magnifies third-party punishment. *Journal of Personality and Social Psychology*, 117 (1): 124-141.

8　Landmann, H., & Hess, U. (2017). What elicits third-party anger? The effects of moral violation and others' outcome on anger and compassion. *Cognition and Emotion*, 31 (6): 1097-1111.

9　Jordan, J. J., Hoffman, M., Bloom, P., & Rand, D. G. (2016). Third-party punishment as a costly signal of trustworthiness. *Nature*, 530 (7591): 473-476.

10　Riedl, K., Jensen, K., Call, J., & Tomasello, M. (2012). No third-party punishment in chimpanzees. *Proceedings of the National Academy of Sciences*, 109 (37): 14824-14829.

11　Ting, F., He, Z., & Baillargeon, R. (2019). Toddlers and infants expect individuals to refrain from helping an ingroup victim's aggressor. *Proceedings of the National Academy of Sciences*, 116 (13): 6025-6034.

12　Marlowe, F. W., Berbesque, J. C., Barr, A., Barrett, C., Bolyanatz, A., Cardenas, J. C., ... & Tracer, D. (2008). More 'altruistic' punishment in larger societies. *Proceedings of the Royal Society B: Biological Sciences*, 275 (1634): 587-592.

13　Finnemore and Sikkink, 1998: 891 を筆者翻訳。
Finnemore, M. and Sikkink, K. (1998). International norm dynamics and political change. *International Organization*, 52 (4): 887-917.

14　大林真也 (2017)「社会規範への数理社会学アプローチ」『理論と方法』32 (2): 228-241.

15　Horne, C., & Mollborn, S. (2020). Norms: An integrated framework. *Annual Review of Sociology*, 46: 467-487.

16　McKeever, N. (2020). Why, and to what extent, is sexual infidelity wrong?. *Pacific Philosophical Quarterly*, 101 (3): 515-537.

17　Halwani, R. (1998). Virtue ethics and adultery. *Journal of Social Philosophy*, 29 (3): 5-18.

18　まとめとして Young 2015 などがある。
Young, H. P. (2015). The evolution of social norms. *Annual Review of Economics*, 7 : 359-387.

19　Przepiorka, W., & Liebe, U. (2016). Generosity is a sign of trustworthiness – the punishment of selfishness is not. *Evolution and Human Behavior*, 37 (4): 255-262.

20　Eriksson, K., Andersson, P., & Strimling, P. (2017). When is it appropriate to reprimand a norm violation?: The roles of anger, behavioral consequences, violation severity, and social distance. *Judgment and Decision Making*, 12 (4): 396-407.

21　Wu, J., Balliet, D., & Van Lange, P. A. (2016). Gossip versus punishment: The efficiency of reputation to promote and maintain cooperation. *Scientific Reports*, 6 (1): 1-8.

1896-1915.
28 Vandello, J. A., & Cohen, D. (2003). Male honor and female fidelity: implicit cultural scripts that perpetuate domestic violence. *Journal of Personality and Social Psychology*, 84 (5): 997-1010.
29 Conley, T. D., Moors, A. C., Ziegler, A., & Karathanasis, C. (2012). Unfaithful individuals are less likely to practice safer sex than openly nonmonogamous individuals. *The Journal of Sexual Medicine*, 9 (6): 1559-1565.
Daly, M., Wilson, M., & Weghorst, S. J. (1982). Male sexual jealousy. *Ethology and Sociobiology*, 3 (1): 11-27.
30 Allen, E. S., Atkins, D. C., Baucom, D. H., Snyder, D. K., Gordon, K. C., & Glass, S. P. (2005). Intrapersonal, interpersonal, and contextual factors in engaging in and responding to extramarital involvement. *Clinical Psychology: Science and Practice*, 12 (2): 101-130.
31 Sweeney, M. M., & Horwitz, A. V. (2001). Infidelity, initiation, and the emotional climate of divorce: Are there implications for mental health?. *Journal of Health and Social Behavior*, 42 (3): 295-309.
32 Griffin, J. M., Kruger, S., & Maturana, G. (2019). Personal infidelity and professional conduct in 4 settings. *Proceedings of the National Academy of Sciences*, 116 (33): 16268-16273.

第6章

1 ただし不倫以外ではこうした波及効果がある可能性があり、例えば過去の研究では自殺報道によってその後の自殺率が増えたことがわかっている(Phillips, 1974; Stack, 1987)。ゲーテの『若きウェルテルの悩み』出版後、模倣して自殺をする人が続出したことから、これをウェルテル効果という。
Phillips, D. P. (1974). The influence of suggestion on suicide: Substantive and theoretical implications of the Werther effect. *American Sociological Review*, 39 (3): 340-354.
Stack, S. (1987). Celebrities and suicide: A taxonomy and analysis, 1948-1983. *American Sociological Review*, 52 (3): 401-412.
2 黄景逸・高橋優香・阿部恒之 (2018)「公正世界信念が有名人のゴシップ評価に及ぼす影響」日本心理学会第82回大会発表
3 Third-party punishment の訳。
Fehr, E., & Fischbacher, U. (2004). Third-party punishment and social norms. *Evolution and Human Behavior*, 25 (2): 63-87.
4 Dimitroff, S. J., Harrod, E. G., Smith, K. E., Faig, K. E., Decety, J., & Norman, G. J. (2020). Third-party punishment following observed social rejection. *Emotion*, 20 (4): 713-720
5 Pfattheicher, S., Sassenrath, C., & Keller, J. (2019). Compassion magnifies third-party punishment. *Journal of Personality and Social Psychology*, 117 (1): 124-141.
6 Krasnow, M. M., Delton, A. W., Cosmides, L., & Tooby, J. (2016). Looking under the hood of third-party punishment reveals design for personal benefit. *Psychological Science*, 27 (3): 405-418.

16 Bandura, A. (1986). *Social foundations of thought and action: A social cognitive theory*. Englewood Cliffs, NJ: Prentice Hall.

17 Thorson, A. R. (2019). Investigating the relationships between unfaithful parent's apologies, adult children's third-party forgiveness, and communication of forgiveness following parental infidelity. *Journal of Social and Personal Relationships*, 36 (9): 2759-2780.

18 大塚正之 (2018)「不貞行為慰謝料に関する裁判例の分析（3）」『家庭の法と裁判』12: 39-57.

19 Bellis, M. A., Hughes, K., Hughes, S., & Ashton, J. R. (2005). Measuring paternal discrepancy and its public health consequences. *Journal of Epidemiology & Community Health*, 59 (9): 749-754.

20 Olson, M. M., Russell, C. S., Higgins-Kessler, M., & Miller, R. B. (2002). Emotional processes following disclosure of an extramarital affair. *Journal of Marital and Family Therapy*, 28 (4): 423-434.

21 Bradbury, T. N., & Fincham, F. D. (1990). Attributions in marriage: Review and critique. *Psychological bulletin*, 107 (1): 3-33.
Heider, F. (1958). *The psychology of interpersonal relations*. Psychology Press.
Weiner, B. (1985). An attributional theory of achievement motivation and emotion. *Psychological Review*, 92 (4): 548-573.

22 Chi, P., Tang, Y., Worthington, E. L., Chan, C. L., Lam, D. O., & Lin, X. (2019). Intrapersonal and interpersonal facilitators of forgiveness following spousal infidelity: A stress and coping perspective. *Journal of Clinical Psychology*, 75 (10): 1896-1915.
Hall, J. H., & Fincham, F. D. (2006). Relationship dissolution following infidelity: The roles of attributions and forgiveness. *Journal of Social and Clinical Psychology*, 25 (5): 508-522.

23 Thorson, A. R. (2018). Investigating the relationships between unfaithful parent's apologies, adult children's third-party forgiveness, and communication of forgiveness following parental infidelity. *Journal of Social and Personal Relationships*, 36 (9): 2759-2780.

24 Thorson, A. R. (2019). Investigating the relationships between unfaithful parent's apologies, adult children's third-party forgiveness, and communication of forgiveness following parental infidelity. *Journal of Social and Personal Relationships*, 36 (9): 2759-2780.

25 Chi, P., Tang, Y., Worthington, E. L., Chan, C. L., Lam, D. O., & Lin, X. (2019). Intrapersonal and interpersonal facilitators of forgiveness following spousal infidelity: A stress and coping perspective. *Journal of Clinical Psychology*, 75 (10): 1896-1915.

26 Fincham, F. D., Paleari, F. G., & Regalia, C. (2002). Forgiveness in marriage: The role of relationship quality, attributions, and empathy. *Personal Relationships*, 9 (1): 27-37.

27 Chi, P., Tang, Y., Worthington, E. L., Chan, C. L., Lam, D. O., & Lin, X. (2019). Intrapersonal and interpersonal facilitators of forgiveness following spousal infidelity: A stress and coping perspective. *Journal of Clinical Psychology*, 75 (10):

トナーへのセックスの満足度が正の効果をもっており、解釈が困難だが、因果の向きが逆になっているとも考えられる。つまり、長期間不倫関係にあったために、パートナーとの性的関係をいなくなった不倫相手の代替としている、ということだ。負の二項分布モデルを使って推定しているが、ポワソン疑似最尤《さいゆう》法でも類似した結果となった。

4　家族のために不倫関係を解消したかどうかを二値変数に変換したロジスティック回帰分析を行った。

5　松木洋人（2019）「配偶者の婚外性愛についての相談に対する回答を可能にする規範的論理――新聞紙上の人生相談を題材とした探索的分析」『比較家族史研究』33: 116-134.

6　Tuttle, J. D., & Davis, S. N. (2015). Religion, infidelity, and divorce: Reexamining the effect of religious behavior on divorce among long-married couples. *Journal of Divorce & Remarriage*, 56 (6): 475-489.

7　Allen, E. S., & Atkins, D. C. (2012). The association of divorce and extramarital sex in a representative U. S. sample. *Journal of Family Issues*, 33 (11): 1477-1493.

8　Previti, D., & Amato, P. R. (2004). Is infidelity a cause or a consequence of poor marital quality?. *Journal of Social and Personal Relationships*, 21 (2): 217-230.

9　DeMaris, A. (2013). Burning the candle at both ends: Extramarital sex as a precursor of marital disruption. *Journal of Family Issues*, 34 (11): 1474-1499.

10　DeMaris, A. (2013). Burning the candle at both ends: Extramarital sex as a precursor of marital disruption. *Journal of Family Issues*, 34 (11): 1474-1499.

11　Labrecque, L. T., & Whisman, M. A. (2020). Extramarital sex and marital dissolution: Does identity of the extramarital partner matter?. *Family Process*, 59 (3): 1308-1318.

12　Kawar, C., Coppola, J., & Gangamma, R. (2019). A contextual perspective on associations between reported parental infidelity and relational ethics of the adult children. *Journal of Marital and Family Therapy*, 45 (2): 354-363.
Schmidt, A. E., Green, M. S., & Prouty, A. M. (2016). Effects of parental infidelity and interparental conflict on relational ethics between adult children and parents: A contextual perspective. *Journal of Family Therapy*, 38 (3): 386-408.

13　Schmidt, A. E., Green, M. S., Sibley, D. S., & Prouty, A. M. (2016). Effects of parental infidelity on adult children's relational ethics with their partners: A contextual perspective. *Journal of Couple & Relationship Therapy*, 15 (3): 193-212.

14　Platt, R. A., Nalbone, D. P., Casanova, G. M., & Wetchler, J. L. (2008). Parental conflict and infidelity as predictors of adult children's attachment style and infidelity. *The American Journal of Family Therapy*, 36 (2): 149-161.
Weiser, D. A., & Weigel, D. J. (2017). Exploring intergenerational patterns of infidelity. *Personal Relationships*, 24 (4): 933-952.
Weiser, D. A., Weigel, D. J., Lalasz, C. B., & Evans, W. P. (2017). Family background and propensity to engage in infidelity. *Journal of Family Issues*, 38 (15): 2083-2101.

15　Weiser, D. A., & Weigel, D. J. (2017). Exploring intergenerational patterns of infidelity. *Personal Relationships*, 24 (4): 933-952.

という資源を自身の収入と交換しているとも考えられる。従業上の地位に対しても同様の分析を行ったが、こちらは職場と仕事関係のみが有意となった。

32 「働き方と暮らしの多様性と共生」研究チーム（2019)。同性のパートナーが現在いる（2.0%）人と、過去にいたが現在はいない人（3.8%）を足し合わせた割合である。
「働き方と暮らしの多様性と共生」研究チーム（2019）「大阪市民の働き方と暮らしの多様性と共生にかんするアンケート　報告書（単純集計結果)」

33 Hiramori, D., & Kamano, S. (2020). Understanding Sexual Orientation Identity, Sexual/Romantic Attraction, and Sexual Behavior beyond Western Societies: The Case of Japan.

34 調査では生涯経験を聞いており、過去に１度だけ同性とセックスをした場合も含んでいる。

35 これは回答者全体ではなく、シスジェンダー（出生時に割り当てられた性と自身が自認している性が同一）をもとにした割合である。

36 Hernandez, B. C., Schwenke, N. J., & Wilson, C. M. (2011). Spouses in mixed-orientation marriage: A 20-year review of empirical studies. *Journal of Marital and Family Therapy*, 37 (3): 307-318.

37 Janus, S. S., & Janus, C. L. (1993). *The Janus report on sexual behavior*. New York: Wiley.

38 Pearcey, M. (2005). Gay and bisexual married men's attitudes and experiences: Homophobia, reasons for marriage, and self-identity. *Journal of GLBT Family Studies*, 1 (4): 21-42.

39 Higgins, D. J. (2004). Differences between previously married and never married 'gay' men: Family background, childhood experiences and current attitudes. *Journal of Homosexuality*, 48 (1): 19-41.
Malcolm, J. P. (2002). Assessment of life stress in gay and bisexual men with the gay affect and life events scale. *Journal of Homosexuality*, 42 (4): 135-144.

40 Hernandez, B. C., Schwenke, N. J., & Wilson, C. M. (2011). Spouses in mixed-orientation marriage: A 20-year review of empirical studies. *Journal of Marital and Family Therapy*, 37 (3): 307-318.

41 前川直哉（2014）「1970 年代における男性同性愛者と異性婚――『薔薇族』の読者投稿から」小山静子・赤枝香奈子・今田絵里香編『セクシュアリティの戦後史』京都大学学術出版会 p. 197-217.

第５章

1 ここでは現在不倫をしていない人を対象に分析をしたが、現在不倫をしている人に対象を変えてもおよそ同じような結果となった。

2 Vaughn, P. (2002). *Help for therapists (and their clients) in dealing with affairs*. La Jolla: Dialogue Press.

3 従属変数は不倫期間（年数）であり、独立変数に本人年齢、結婚年数、子どもの数、最終学歴、パートナーとの学歴差、自身とパートナーの職の有無、自由になる時間、不倫相手の年齢・最終学歴・婚姻状態、不倫相手への満足感（人格、職業、見た目、セックス）を入れている。パートナーへの満足感は現在のものであるため入れなかったが、入れてもほぼ効果はなかった。唯一パー

Exchange in first marriages and remarriages. *Demography*, 55 (3): 849-875.

鈴木翔・須藤康介・寺田悠希・小黒恵（2018）「学歴・収入・容姿が成婚と配偶者選択行動に与える影響」『理論と方法』33 (2): 167-181.

25　まず収入のみでモデルを検討し、収入が有意であることを確認した後、結婚年数、子どもの数、学歴、仕事の社会的評価、交際前の浮気経験、自由になる時間、配偶者との学歴差、配偶者の仕事の有無をモデルに投入し、収入が依然有意であることを確認した。自分と配偶者の収入差を投入すると自分の収入の効果が消えるが、自分の収入が配偶者よりも高ければ年齢差が上がるという結果であったため、男性性の回復ではなく単に自身の収入を代替していると推測し、モデルからは除外した。興味深いことに、結婚年数以外は、収入のみが年齢差に効果があった。

26　年齢の若い人と付き合うべき、という主張ではなく、過去の研究によると若い人が好まれる傾向にあり、本調査の結果から、収入が年齢と交換されているという議論であることを理解いただきたい。また、この議論はあくまで既婚者が結婚市場で不利になるという仮定のもとでの検定であり、必ずしも正しくない可能性もある。この仮定も同時に検定するならば、既婚男性と未婚男性の間で、不倫相手（再婚相手）の年齢差に対する収入の効果がどれくらい違うかを見れば良い。既婚男性により強く収入が効けば、それは既婚という不利を収入が埋め合わせる効果をもっていることになる。これは将来の研究で検討すべき内容だろう。

27　χ^2検定を行ったが、表４－３は0.1％水準で有意、表４－４は0.5％水準で有意であった。

28　Brinton, M. C., Mun, E., & Hertog, E. (2021). Singlehood in contemporary Japan: Rating, dating, and waiting for a good match. *Demographic Research*, 44 (10): 239-276.

Raymo, J. M., & Iwasawa, M. (2005). Marriage market mismatches in Japan: An alternative view of the relationship between women's education and marriage. *American Sociological Review*, 70 (5): 801-822.

29　χ^2検定を行うと、表４－５は0.1％水準で有意であったが、表４－６は有意ではなかった。

30　ここで比較対象をどこに置くかが難しいが、不倫相手となる相手の年齢は基本的に限られていない。そのため15歳から64歳までの労働力人口だけでなく、65歳以上を含めた全体に対する割合（無職・無業を含む）を算出するのが望ましいと考えられる。これにより得られた2019年の女性の従業上の地位は、正規職が21.9％、非正規が25.68％、自営・家族経営が46.53％、無職・無業が46.53％であった。男性は正規職が48.52％、非正規が12.89％、自営・家族経営が7.86％、無職・無業が28.49％であった。

31　具体的には、相手の学歴が自身と同一かどうかの二値変数を従属変数としたロジスティック回帰分析を行った。様々な社会経済的地位を制御した上で、出会い方に関する独立変数の効果を検討した。インターネットやアプリで出会うという、最も学歴が同じにならなさそうなカテゴリーを参照した分析の結果、職場や仕事関係、友人の紹介、そして合コンや婚活で出会うことにより、不倫相手が同一学歴になりやすいという結果となった。制御変数として投入した収入の効果は正であり、社会的交換理論と組み合わせて解釈すると、同一の学歴

註　記

11　Schwartz（2013）に基づく。ただし打越（2016）は日本において学歴間の世代間連鎖が起きていることを指摘している。すなわち、親同士が学歴同類婚をすると、子世代も学歴同類婚しやすいということである。

Schwartz, C. R.（2013）. Trends and variation in assortative mating: Causes and consequences. *Annual Review of Sociology*, 39: 451-470.

打越文弥（2016）「学歴同類婚の世代間連鎖とその趨勢——大規模調査データの統合による計量分析」『家族社会学研究』28（2）: 136-147.

12　Goldscheider, F., & Sassler, S.（2006）. Creating stepfamilies: Integrating children into the study of union formation. *Journal of Marriage and Family*, 68（2）: 275-291.

13　Qian, Z., & Lichter, D. T.（2018）. Marriage markets and intermarriage: Exchange in first marriages and remarriages. *Demography*, 55（3）: 849-875.

Theunis, L., Pasteels, I., & Van Bavel, J.（2015）. Educational assortative mating after divorce: Persistence or divergence from first marriages?. *Journal of Family Research/Zeitschrift für Familienforschung*, 27.

14　Choi, K. H., & Tienda, M.（2016）. Marriage-market constraints and mate-selection behavior: Racial, ethnic, and gender differences in intermarriage. *Journal of Marriage and Family*, 79（2）: 301-317.

15　厚生労働省（2016）「平成28年度　人口動態統計特殊報告「婚姻に関する統計」の概況」

16　Uchikoshi, F. and Yoda, S.（2019）. Trends in educational assortative mating among first married and remarried women in Japan. Population Association of America 2019 Annual Meeting.

17　Thomas（2020）に基づく．ただし年齢は同類婚の傾向がより強まっている。これはアプリで相手を選ぶ際に相手の見た目をもとに比較的短時間で判断を下すためと説明されている。

Thomas, R. J.（2020）. Online exogamy reconsidered: Estimating the Internet's effects on racial, educational, religious, political and age assortative mating. *Social Forces*, 98（3）: 1257-1286.

18　男性既婚者同士が４組、男性既婚未婚の組み合わせが１組、わからないが１組であった。

19　Bearman, P. S., Moody, J., & Stovel, K.（2004）. Chains of affection: The structure of adolescent romantic and sexual networks. *American Journal of Sociology*, 110（1）: 44-91.

20　McDermott, R., Fowler, J. H., & Christakis, N. A.（2013）. Breaking up is hard to do, unless everyone else is doing it too: Social network effects on divorce in a longitudinal sample. *Social Forces*, 92（2）: 491-519.

21　Albeck, S., & Kaydar, D.（2002）. Divorced mothers: Their network of friends pre-and post-divorce. *Journal of Divorce & Remarriage*, 36（3-4）: 111-138.

22　標準偏差は男性が9.92歳、女性が6.83歳であった。中央値は男性が６、女性が－１であり、だいたい平均と近い値になっている。

23　標準偏差はそれぞれ12.83と11.42、中央値はそれぞれ46と42であった。ｔ検定の結果男性のほうが年齢が有意に高かった。

24　Qian, Z., & Lichter, D. T.（2018）. Marriage markets and intermarriage:

第4章

1　2002年から2015年の「出生動向基本調査」の結果概要では、「メディアを通して」という出会いのきっかけがあった。これは「その他」を選んだ人のうち、自由回答でインターネットやウェブサイトなどと回答した人を抽出して独立のカテゴリーとして提示していたものだ。本稿では簡単のために「その他」にまとめている。

2　国立社会保障・人口問題研究所（2022）『2021年社会保障・人口問題基本調査〈結婚と出産に関する全国調査〉第16回出生動向基本調査 結果の概要』

3　Cacioppo, J. T., Cacioppo, S., Gonzaga, G. C., Ogburn, E. L., & VanderWeele, T. J.（2013）. Marital satisfaction and break-ups differ across on-line and off-line meeting venues. *Proceedings of the National Academy of Sciences*, 110（25）: 10135-10140.

4　記憶が比較的新しく相手のことを覚えている時期として1年を設定した。

5　マッチングアプリでどういった人が最初に会話を始めるか、という研究があるものの（Timmermans & Courtois, 2018）、これを除けば、関係を誰が始めるか、という研究はあまりなされていないようである。
Timmermans, E., & Courtois, C.（2018）. From swiping to casual sex and/or committed relationships: Exploring the experiences of Tinder users. *The Information Society*, 34（2）: 59-70.

6　Willer, R., Rogalin, C. L., Conlon, B., & Wojnowicz, M. T.（2013）. Overdoing gender: A test of the masculine overcompensation thesis. *American Journal of Sociology*, 118（4）: 980-1022.

7　打越（2019）に基づく。ただし学歴同類婚の傾向は日本では弱まっていることが多くの研究で指摘されている（Fujihara & Uchikoshi, 2019; 福田・余田・茂木，2017; 三輪，2007; 打越，2018）。
Fujihara, S., & Uchikoshi, F.（2019）. Declining association with persistent gender asymmetric structure: Patterns and trends in educational assortative marriage in Japan, 1950-1979. *Research in Social Stratification and Mobility:* 60, 66-77.
福田節也・余田翔平・茂木良平（2017）「日本における学歴同類婚の趨勢――1980年から2010年国勢調査個票データを用いた分析」『IPSS Working Paper Series（J）』14: 1-22.
三輪哲（2007）「日本における学歴同類婚趨勢の再検討」『家族形成に関する実証研究　SSJDA-37』81-94.
打越文弥（2018）「未婚化時代における階層結合――夫婦の学歴パターンのコーホート比較分析」『理論と方法』33（1）: 15-31.
打越文弥（2019）「夫婦の離婚からみる学歴結合の帰結――NFRJ-S01・SSM2015を用いたイベントヒストリー分析」『社会学評論』70（1）: 10-26.

8　Kalmijn, M.（1998）. Intermarriage and homogamy: Causes, patterns, trends. *Annual Review of Sociology*, 24（1）: 395-421.

9　ただし選好に関しては、あくまで好みであった人が結果的に同じ学歴であったというような、副産物的な可能性も論じている。また社会経済的地位については、次に述べる社会的交換理論が当てはまるとしている。

10　Mare, R. D.（1991）. Five decades of educational assortative mating. *American Sociological Review*, 56（1）: 15-32.

62 (2): 363-374.
57　Liu, C. (2000). A theory of marital sexual life. *Journal of Marriage and Family*, 62 (2): 363-374.
58　Blau, P. M. (1964). *Exchange and power in social life*. New York: John Wiley.
Becker, G. S. (1981). *A treatise on the family*. Cambridge: Harvard University Press.
59　Taylor, P. A., & Glenn, N. D. (1976). The utility of education and attractiveness for females' status attainment through marriage. *American Sociological Review*, 41 (3): 484-498.
60　Forste, R., & Tanfer, K. (1996). Sexual exclusivity among dating, cohabiting, and married women. *Journal of Marriage and the Family*, 58 (1): 33-47.
61　Munsch, C. L. (2015). Her support, his support: Money, masculinity, and marital infidelity. *American Sociological Review*, 80 (3): 469-495.
62　Willer, R., Rogalin, C. L., Conlon, B., & Wojnowicz, M. T. (2013). Overdoing gender: A test of the masculine overcompensation thesis. *American Journal of Sociology*, 118 (4): 980-1022.
63　Munsch, C. L. (2015). Her support, his support: Money, masculinity, and marital infidelity. *American Sociological Review*, 80 (3): 469-495.
64　五十嵐彰（2018）「誰が「不倫」をするのか」『家族社会学研究』30 (2): 185-196.
65　Lester, D., Motohashi, Y., & Yang, B. (1992). The impact of the economy on suicide and homicide rates in Japan and the United States. *International Journal of Social Psychiatry*, 38 (4): 314-317.
66　谷本奈穂（2008）『恋愛の社会学——「遊び」とロマンティック・ラブの変容』青弓社
67　性交渉をしている人数を聞く質問は、「現在、セックス（性交）している相手がいるか」で回答選択肢が１人いる、複数いる、いないの３つから選ぶようになっている。このうち１人いる人と複数いる人を比較するよう、二項ロジスティック回帰分析を行った。中学生版ではセックスではなく性的接触と聞かれているため、高校生のみを対象に分析した。投入した独立変数は、性別、年齢、同性／異性の友人数、セックスの情報をどこから入手するか（親やきょうだい、友人や先輩、付き合っている人、学校、マンガ、一般雑誌、ポルノ雑誌、アダルトビデオ、インターネット）、個人のもちもの（テレビ、ビデオ／DVDデッキ、パソコン、個室のうちもっているものに該当する数を合計）である。本文中にも述べたように、このうち友人や先輩からセックスに関する知識を得ている人はより浮気しやすい。
68　e. g., 宋美玄（2016）「性科学から不倫を考える——人は一生、同じ相手とセックスし続けられるか？」亀山早苗編『人はなぜ不倫をするのか』SB クリエイティブ
69　小塩真司・阿部晋吾・ピノ，カトローニ（2012）「日本語版 Ten Item Personality Inventory（TIPI-J）作成の試み」『パーソナリティ研究』21 (1): 40-52.

& the big 5. *Personality and Individual Differences*, 139: 158-169.

45 Wanberg, C. R., & Kammeyer-Mueller, J. D. (2000). Predictors and outcomes of proactivity in the socialization process. *Journal of Applied Psychology*, 85 (3): 373-385.

46 Whyte, S., Brooks, R. C., Chan, H. F., & Torgler, B. (2019). Do certain personality traits provide a mating market competitive advantage? Sex, offspring & the big 5. *Personality and Individual Differences*, 139: 158-169.

47 Schmitt, D. P. (2004). The big five related to risky sexual behaviour across 10 world regions: Differential personality associations of sexual promiscuity and relationship infidelity. *European Journal of Personality*, 18 (4): 301-319.

48 橘木俊詔・迫田さやか (2013)『夫婦格差社会——二極化する結婚のかたち』中公新書

49 Rusbult, C. E. (1980). Commitment and satisfaction in romantic associations: A test of the investment model. *Journal of Experimental Social Psychology*, 16 (2): 172-186.

50 伊藤裕子 (2015)「夫婦関係における親密性の様相」『発達心理学研究』26 (4): 279-287.
Johnson, M. P., Caughlin, J. P., & Huston, T. L. (1999). The tripartite nature of marital commitment: Personal, moral, and structural reasons to stay married. *Journal of Marriage and the Family*, 61 (1): 160-177.

51 伊藤・相良 (2015) は結婚コミットメント尺度を考案し、日本における結婚コミットメントは人格的、諦め・機能的、規範的側面に分かれるとした。本研究では人格的側面をさらに深めたといえる。
伊藤裕子・相良順子 (2015)「結婚コミットメント尺度の作成——中高年期夫婦を対象に」『心理学研究』86 (1): 42-48.

52 Drigotas, S. M., Safstrom, C. A., & Gentilia, T. (1999). An investment model prediction of dating infidelity. *Journal of Personality and Social Psychology*, 77 (3): 509-524.
Mattingly, B. A., Clark, E. M., Weidler, D. J., Bullock, M., Hackathorn, J., & Blankmeyer, K. (2011). Sociosexual orientation, commitment, and infidelity: A mediation analysis. *Journal of Social Psychology*, 151 (3): 222-226.

53 Mark, K. P., Janssen, E., & Milhausen, R. R. (2011). Infidelity in heterosexual couples: Demographic, interpersonal, and personality-related predictors of extradyadic sex. *Archives of Sexual Behavior*, 40 (5): 971-982.
Thompson, A. P. (1983). Extramarital sex: A review of the research literature. *Journal of Sex Research*, 19 (1): 1-22.

54 Liu, C. (2000). A theory of marital sexual life. *Journal of Marriage and Family*, 62 (2): 363-374.
Thompson, A. P. (1983). Extramarital sex: A review of the research literature. *Journal of Sex Research*, 19 (1): 1-22.

55 Allen, E. S., Rhoades, G. K., Stanley, S. M., Markman, H. J., Williams, T., Melton, J., & Clements, M. L. (2008). Premarital precursors of marital infidelity. *Family Process*, 47 (2): 243-259.

56 Liu, C. (2000). A theory of marital sexual life. *Journal of Marriage and Family*,

33 Guerra, V. M., Gouveia, V. V., Sousa, D. M., Lima, T. J., & Freires, L. A. (2012). Sexual liberalism-conservatism: The effect of human values, gender, and previous sexual experience. *Archives of Sexual Behavior*, 41 (4): 1027-1039.
Goodwin, R., Realo, A., Kwiatkowska, A., Kozlova, A., Luu, L. A. N., & Nizharadze, G. (2002). Values and sexual behaviour in central and eastern Europe. *Journal of Health Psychology*, 7 (1): 45-56.

34 Lopes, G. S., Barbaro, N., Sela, Y., Jeffery, A. J., Pham, M. N., Shackelford, T. K., & Zeigler-Hill, V. (2017). Endorsement of social and personal values predicts the desirability of men and women as long-term partners. *Evolutionary Psychology*, 15 (4): 1474704917742384.

35 Schmitt, D. P. (2004). The big five related to risky sexual behaviour across 10 world regions: Differential personality associations of sexual promiscuity and relationship infidelity. *European Journal of Personality*, 18 (4): 301-319.

36 上市秀雄・楠見孝（1998）「パーソナリティ・認知・状況要因がリスクテイキング行動に及ぼす効果」『心理学研究』69 (2): 81-88.

37 Schmitt, D. P. (2004). The big five related to risky sexual behaviour across 10 world regions: Differential personality associations of sexual promiscuity and relationship infidelity. *European Journal of Personality*, 18 (4): 301-319.

38 Goldberg, L. R. (1981). Language and individual differences: The search for universals in personality lexicons. *Review of Personality and Social Psychology*, 2 (1): 141-165.
川本哲也・小塩真司・阿部晋吾・坪田祐基・平島太郎・伊藤大幸・谷伊織（2015）「ビッグ・ファイブ・パーソナリティ特性の年齢差と性差――大規模横断調査による検討」『発達心理学研究』26 (2): 107-122.
小塩真司（2020）．『性格とは何か――より良く生きるための心理学』中公新書
小塩真司・阿部晋吾・ピノ、カトローニ（2012）「日本語版 Ten Item Personality Inventory (TIPI-J) 作成の試み」『パーソナリティ研究』21 (1): 40-52.

39 Schmitt, D. P. (2004). The big five related to risky sexual behaviour across 10 world regions: Differential personality associations of sexual promiscuity and relationship infidelity. *European Journal of Personality*, 18 (4): 301-319.

40 Whisman, M. A., Gordon, K. C., & Chatav, Y. (2007). Predicting sexual infidelity in a population-based sample of married individuals. *Journal of Family Psychology*, 21 (2): 320-324.

41 Fernández, M. L., & Castro, Y. R. (2003). The Big Five and sexual attitudes in Spanish students. *Social Behavior and Personality: An International Journal*, 31 (4): 357-362.

42 Fisher, T. D., & McNulty, J. K. (2008). Neuroticism and marital satisfaction: The mediating role played by the sexual relationship. *Journal of Family Psychology*, 22 (1): 112-122.

43 Orzeck, T., & Lung, E. (2005). Big-five personality differences of cheaters and non-cheaters. *Current Psychology*, 24 (4): 274-286.

44 Whyte, S., Brooks, R. C., Chan, H. F., & Torgler, B. (2019). Do certain personality traits provide a mating market competitive advantage? Sex, offspring

408-446.

16　山田昌弘（1999）『パラサイト・シングルの時代』ちくま新書

17　中村真由美・佐藤博樹（2010）「なぜ恋人にめぐりあえないのか？――経済的要因・出会いの経路・対人関係能力の側面から」佐藤博樹・永井暁子・三輪哲編『結婚の壁――非婚・晩婚の構造』勁草書房 p. 54-73.

18　上野千鶴子（2016）「ジェンダー研究から不倫を考える――人はなぜ不倫をしないのか」亀山早苗編（2016）『人はなぜ不倫をするのか』SB クリエイティブ p. 11-35.

19　有職ダミーを入れて分析、無職の場合収入はゼロとした。有職者に限定して分析しても同様の結果となった。

20　上野千鶴子（2016）「ジェンダー研究から不倫を考える――人はなぜ不倫をしないのか」亀山早苗編（2016）『人はなぜ不倫をするのか』SB クリエイティブ p. 11-35.

21　山田昌弘（1999）『パラサイト・シングルの時代』ちくま新書

22　例えば長松奈美江・阪口祐介・太郎丸博（2009）「仕事の複雑性スコアの構成」『理論と方法』24（1）: 77-93.

23　Treas, J., & Giesen, D. (2000). Sexual infidelity among married and cohabiting Americans. *Journal of Marriage and Family*, 62 (1): 48-60.

24　例えば筒井淳也（2013）「親密性と夫婦関係のゆくえ」『社会学評論』64（4）: 572-588.

25　Schwartz, S. H. (2012). An overview of the Schwartz theory of basic values. *Online readings in Psychology and Culture*, 2 (1).
山﨑（2016）による訳語を用いた。

山﨑聖子（2016）「個人・生活観」池田謙一編『日本人の考え方　世界の人の考え方――世界価値観調査から見えるもの』勁草書房 p. 37-101.

26　Hofstede, G. (1980). *Culture's consequences: International differences in work-related values*. Beverly Hills: Sage.

27　宮森千嘉子・宮林隆吉（2019）『経営戦略としての異文化適応力――ホフステードの 6 次元モデル実践的活用法』日本能率協会マネジメントセンター

28　McSweeney, B. (2002). Hofstede's model of national cultural differences and their consequences: A triumph of faith - a failure of analysis. *Human Relations*, 55 (1): 89-118.

29　Hofstede, G. (1991). *Cultures and organizations: Software of the mind*. London: McGraw-Hill.

30　Fang, T. (2003). A critique of Hofstede's fifth national culture dimension. *International Journal of Cross Cultural Management*, 3 (3): 347-368.

31　ホフステードは国家レベルで IBM 社員の回答を平均・標準化し、その上で因子分析を使って文化の 4 次元を抽出した。時代背景を考えると、分析能力に限界があったということもできるが、この国家レベルでの平均という処理が主な批判を受ける理由である。一方でシュワルツは、個人の回答（個票）をそのまま因子分析にかけ、価値観の次元を抽出している。その上でこれらの次元の国家間の差異を分析しているという違いがある。

32　山﨑聖子（2016）「個人・生活観」池田謙一編『日本人の考え方　世界の人の考え方――世界価値観調査から見えるもの』勁草書房 p. 37-101.

15 (4): 735-749.

4　Glass, S. P. (2003). *Not just friends: Protect your relationship from infidelity and heal the trauma of betrayal*. New York: Free Press.

5　OECD が発表した日本人の年間労働時間は1680時間であり、これと1日7.3時間の睡眠時間（OECD 2018, 2021）と合わせて計算した。
OECD (2018). Hours worked. Retrieved from https://data.oecd.org/emp/hours-worked.htm.
OECD (2021). Gender data portal: Time use across the world.

6　出生動向基本調査2015年（国立社会保障・人口問題研究所 2015）の結果による。これは「友人・兄弟姉妹を通じて」の30.8%に次ぐ値である。

7　Greeley, A. (1994). Marital infidelity. *Society*, 31 (4): 9-13.

8　Atkins, D. C., Yi, J., Baucom, D. H., & Christensen, A. (2005). Infidelity in couples seeking marital therapy. *Journal of Family Psychology*, 19 (3): 470-473.

9　Munsch, C. L., & Yorks, J. (2018). When opportunity knocks, who answers? Infidelity, gender, race, and occupational sex composition. *Personal Relationships*, 25 (4): 581-595.
ある属性が支配的な職場における少数者をトークンと呼び、数的少数者であり目立つ存在であるために直面する様々な問題や利点についての研究が行われている（Kanter, 1977; Yoder, 1991)。日本の男性に関する研究は中田（2018）や矢原（2007）などがある。
Kanter, R. M. (1977). *Men and women of the corporation: New edition*. Basic books.
中田奈月（2018）「女性に偏る職業で男性は何をしているか」『日本労働研究雑誌』60 (10): 52-62.
矢原隆行（2007）「男性ピンクカラーの社会学」『社会学評論』58 (3): 343-356.
Yoder, J. D. (1991). Rethinking tokenism: Looking beyond numbers. *Gender & Society*, 5 (2): 178-192.

10　Munsch, C. L., & Yorks, J. (2018). When opportunity knocks, who answers? Infidelity, gender, race, and occupational sex composition. *Personal Relationships*, 25 (4): 581-595.

11　職場滞在時間に入れ替えても結果は同様であった。

12　Atkins, D. C., Baucom, D. H., & Jacobson, N. S. (2001). Understanding infidelity: Correlates in a national random sample. *Journal of Family Psychology*, 15 (4): 735-749.
Chohaney, M. L., & Panozzo, K. A. (2018). Infidelity and the Internet: The geography of Ashley Madison usership in the United States. *Geographical Review*, 108 (1): 69-91.
玄田有史・斎藤珠里（2007）『仕事とセックスのあいだ』朝日新書

13　五十嵐彰（2018）「誰が「不倫」をするのか」『家族社会学研究』30 (2): 185-196.

14　Atkins, D. C., Baucom, D. H., & Jacobson, N. S. (2001). Understanding infidelity: Correlates in a national random sample. *Journal of Family Psychology*, 15 (4): 735-749.

15　Martin, J. L. (2005). Is power sexy?. *American Journal of Sociology*. 112 (2):

れば、それは代表性のあるサンプルといえるだろう。またウェブ調査にはこのほかの satisficing の問題もある（日本の研究では、三浦・小林〔2015〕など）。本調査では２件の引っ掛け問題により対処している。

三浦麻子・小林哲郎（2015）「オンライン調査モニタの Satisfice に関する実験的研究」『社会心理学研究』31（1）: 1-12.
20 Whisman, M. A., & Snyder, D. K.（2007）. Sexual infidelity in a national survey of American women: Differences in prevalence and correlates as a function of method of assessment. *Journal of Family Psychology*, 21（2）: 147-154.
21 Coppock, A., Leeper, T. J., & Mullinix, K. J.（2018）. Generalizability of heterogeneous treatment effect estimates across samples. *Proceedings of the National Academy of Sciences*, 115（49）: 12441-12446.
Mullinix, K. J., Leeper, T. J., Druckman, J. N., & Freese, J.（2015）. The generalizability of survey experiments. *Journal of Experimental Political Science*, 2（2）: 109-138.
Weinberg, J. D., Freese, J., & McElhattan, D.（2014）. Comparing data characteristics and results of an online factorial survey between a population-based and a crowdsource-recruited sample. *Sociological Science*, 1: 292-310.
22 サンプルサイズの設定は Corstange（2009）を参考にした。
Corstange, D.（2009）. Sensitive questions, truthful answers? Modeling the list experiment with LISTIT. *Political Analysis*, 17（1）: 45-63.
23 Kramon, E., & Weghorst, K.（2019）.（Mis）measuring sensitive attitudes with the list experiment: Solutions to list experiment breakdown in Kenya. *Public Opinion Quarterly*, 83（S1）: 236-263.
24 Petersen, J. L., & Hyde, J. S.（2010）. A meta-analytic review of research on gender differences in sexuality, 1993-2007. *Psychological bulletin*, 136（1）: 21-38.
25 Munsch（2012）のまとめに基づく。
26 Munsch, C. L.（2012）. The science of two-timing: the state of infidelity research. *Sociology Compass*, 6（1）: 46-59.
27 Blair, G., & Imai, K.（2012）. Statistical analysis of list experiments. *Political Analysis*, 20（1）: 47-77.
28 Glynn, A. N.（2013）. What can we learn with statistical truth serum? *Public Opinion Quarterly*, 77（S1）: 159-172.
29 Song Jaehyun・秦正樹（2020）「オンライン・サーベイ実験の方法：理論編」『理論と方法』35（1）: 92-108.
秦正樹・Song Jaehyun（2020）「オンライン・サーベイ実験の方法：実践編」『理論と方法』35（1）: 109-127.

第３章

1 五十嵐彰（2018）「誰が「不倫」をするのか」『家族社会学研究』30（2）: 185-196.
2 Treas, J., & Giesen, D.（2000）. Sexual infidelity among married and cohabiting Americans. *Journal of Marriage and Family*, 62（1）: 48-60.
3 Atkins, D. C., Baucom, D. H., & Jacobson, N. S.（2001）. Understanding infidelity: Correlates in a national random sample. *Journal of Family Psychology*,

も同様の調査を行っているが、不倫の割合に目立った違いはなかった。
プレジデント（2009）『PRESIDENT』2009. 10. 23号別冊、プレジデント社
相模ゴム工業（2013）「ニッポンのセックス」相模ゴム工業ホームページ（2017年10月7日取得、https://sagami-gomu.co.jp/project/nipponnosex/）

8　ただし相模ゴム工業はウェブ調査を使っており、そのためモードによる差とは断言しにくい。

9　イギリスはYouGov（Jordan, 2015）の調査に基づく。ドイツはHaversathらによる。
Jordan, W.（2015）. Men are more likely to have affairs with 'work colleagues', women with 'friends'. YouGov. https://yougov.co.uk/topics/lifestyle/articles-reports/2015/05/27/one-five-british-adults-admit-affair.
Haversath, J., Gärttner, K. M., Kliem, S., Vasterling, I., Strauss, B., & Kröger, C.（2017）. Sexualverhalten in Deutschland: Ergebnisse einer repräsentativen Befragung. *Deutsches Ärzteblatt International*, 114（33-34）: 545-550.

10　Kraus, F.（2014）. Observatoire gleeden de l'infidélité - enquête sur les perceptions et les comportements des Français en matière d'aventures extra-conjugales. https://www.ifop.com/publication/observatoire-gleeden-de-linfidelite-enquete-sur-les-perceptions-et-les-comportements-des-francais-en-matiere-daventures-extra-conjugales/

11　Zhang, Y., Wang, X., & Pan, S.（2020）. Prevalence and patterns of extramarital sex among Chinese men and women: 2000-2015. *The Journal of Sex Research*, online first.

12　Trent, K., & South, S. J.（2011）. Too many men? Sex ratios and women's partnering behavior in China. *Social Forces*, 90（1）: 247-267.

13　Munsch, C. L.（2012）. The science of two-timing: the state of infidelity research. *Sociology Compass*, 6（1）: 46-59.

14　YouGovの調査に基づく（Moore, 2015）。
Moore, P.（2015）. Men are more likely than women to think about cheating on their partners, but women are as likely as men to say they've gone through with it. YouGov. https://today.yougov.com/topics/lifestyle/articles-reports/2015/06/02/men-more-likely-think-cheating

15　Whisman, M. A., Gordon, K. C., & Chatav, Y.（2007）. Predicting sexual infidelity in a population-based sample of married individuals. *Journal of Family Psychology*, 21（2）: 320-324.

16　Item count techniqueなどとも呼ばれる。

17　Coutts, E., & Jann, B.（2011）. Sensitive questions in online surveys: Experimental results for the randomized response technique（RRT）and the unmatched count technique（UCT）. *Sociological Methods & Research*, 40（1）: 169-193.

18　Creighton, M. J., & Jamal, A.（2015）. Does Islam play a role in anti-immigrant sentiment? An experimental approach. *Social Science Research*, 53: 89-103.

19　ウェブ調査会社のモニターに登録しているかどうかでサンプルとして選ばれる確率が大幅に変わるため。ただし、ウェブ調査だからすなわち代表性がない、というわけではない。例えば無作為抽出に基づいてモニターを選んだ会社であ

学』慶應義塾大学出版会
55 ノッター、デビッド（2007）『純潔の近代——近代家族と親密性の比較社会学』慶應義塾大学出版会
桑原桃音（2017）『大正期の結婚相談——家と恋愛にゆらぐ人びと』晃洋書房
56 大塚明子（2018）『『主婦の友』にみる日本型恋愛結婚イデオロギー』勁草書房
57 谷本奈穂（2008）『恋愛の社会学——「遊び」とロマンティック・ラブの変容』青弓社
谷本奈穂・渡邉大輔（2016）「ロマンティック・ラブ・イデオロギー再考——恋愛研究の視点から」『理論と方法』31（1）: 55-69.
58 Lawson, A.（1988）. *Adultery: An analysis of love and betrayal*. Basic Books.
59 ギデンズ、アンソニー（1992＝1995）『親密性の変容——近代社会におけるセクシュアリティ、愛情、エロティシズム』松尾精文・松川昭子訳、而立書房
60 Morgan, D. H.（2004）. The sociological significance of affairs. In *The State of Affairs*（pp. 15-34）. Routledge.
61 例えば日野いつみ（2003）『不倫のリーガル・レッスン』（新潮新書）や氏家幹人（2007）『不義密通』など。
62 盛山和夫（2004）『社会調査法入門』有斐閣ブックス
63 大久保将貴（2019）「因果推論の道具箱」『理論と方法』34（1）: 20-34.
64 伊藤公一朗（2017）『データ分析の力——因果関係に迫る思考法』光文社新書
65 松林哲也（2021）『政治学と因果推論——比較から見える政治と社会』岩波書店

第2章
1 Finnemore, M., & Sikkink, K.（1998）. International norm dynamics and political change. *International Organization*, 52（4）: 887-917.
2 神原文子（1991）『現代の結婚と夫婦関係』培風館
3 個人レベルで宗教的な敬虔さと不倫の有無を見た分析として、例えば Munsch（2015）などが挙げられる。
Munsch, C. L.（2015）. Her support, his support: Money, masculinity, and marital infidelity. *American Sociological Review*, 80（3）: 469-495.
4 Frank, D. J., Camp, B. J., & Boutcher, S. A.（2010）. Worldwide trends in the criminal regulation of sex, 1945 to 2005. *American Sociological Review*, 75（6）: 867-893.
Frank, D. J., & Moss, D. M.（2017）. Cross-national and longitudinal variations in the criminal regulation of sex, 1965 to 2005. *Social Forces*, 95（3）: 941-969.
5 Pew Research Center による。詳細は以下を参照。https://www.pewresearch.org/fact-tank/2014/01/14/french-more-accepting-of-infidelity-than-people-in-other-countries/
6 石川弘義・斎藤茂男・我妻洋（1984）『日本人の性』文藝春秋
7 プレジデント（2009）、相模ゴム工業（2013）。なお相模ゴム工業の値は、著者の一人である五十嵐が相模ゴム工業の調査担当者の方に連絡をとり、既婚者に限定して再分析を行ってもらった結果の値である。相模ゴム工業は2018年に

37　芥川龍之介（1924）『第四の夫から』
38　国木田独歩（1906）『運命論者』
39　例えば柴原助産院『歩み』（1926年）、正治健太郎『破貞の径路と自衛』（1926年）
40　氏家幹人（1998）『江戸の性風俗——笑いと情死のエロス』講談社現代新書
41　亀山早苗編（2016）『人はなぜ不倫をするのか』SB クリエイティブ
42　Wikipedia（2020年６月22日アクセス）でも、南谷（2012）の研究を引用し、「TBS のテレビドラマ『金曜日の妻たちへ』（1983年）により「不倫」という言葉が広まった」という記述がある。
南谷覺正（2012）「戦後日本の性とメディア」『群馬大学社会情報学部研究論集』19: 55-74.
43　米田秀司（2021）『婚外性愛の規範化・社会問題化の過程分析』
44　Web OYA-Bunko から検索している。1987年以前の記事については、テスト公開されている web 版『大宅壮一文庫雑誌記事索引総目録』からも収集している。収集に際して米田秀司氏の助言を得た。
45　「不倫は文化」という言葉が定着してしまっているが、この言葉自体は当時の記者の創作である。
46　五十嵐彰（2018）「誰が「不倫」をするのか」『家族社会学研究』30（2）: 185-196.
47　船谷明子・田中洋子・橋本和幸・高木秀明（2006）「大学生における浮気観と浮気・被浮気経験との関連」『横浜国立大学教育人間科学部紀要　教育科学』8: 99-117.
48　当時の社会背景についてはライニッシュ＆ビーズリー（1990＝1991）、Kinsey, Pomeroy, & Martin（1948）. Kinsey, Pomeroy, Martin, & Gebhard（1953）を参照。手法に対する批判もあり、例えば Cochran, Mosteller, & Tukey（1953）など。
ライニッシュ、J. M. ＆ビーズリー、R. M. L. S.（1990＝1991）『最新キンゼイ・リポート』小曽戸明子・宮原忍訳、小学館
Kinsey, A. C., Pomeroy, W. B. & Martin, C. E.（1948）*Sexual behavior in the human male*. Saunders.
Kinsey, A. C., Pomeroy, W. B., Martin, C. E., & Gebhard, P. H.（1953）. *Sexual behavior in the human female*. Indiana University Press.
Cochran, W. G., Mosteller, F., & Tukey, J. W.（1953）. Statistical problems of the Kinsey report. *Journal of the American Statistical Association*, 48（264）: 673-716.
49　Fair, R. C.（1978）. A theory of extramarital affairs. *Journal of Political Economy*, 86（1）: 45-61.
50　落合恵美子（2019）『21世紀家族へ（第４版）』有斐閣 p. 100からの引用。
51　千田有紀（2011）『日本型近代家族——どこから来てどこへ行くのか』勁草書房
52　アリエス、フィリップ（1960＝1980）『〈子供〉の誕生——アンシァン・レジーム期の子供と家族生活』杉山光信・杉山恵美子訳、みすず書房
53　千田有紀（2011）『日本型近代家族——どこから来てどこへ行くのか』勁草書房
54　ノッター、デビッド（2007）『純潔の近代——近代家族と親密性の比較社会

Stein, E. (2020). Adultery, infidelity, and consensual non-monogamy. *Wake Forest Law Review*, 55 (1): 147-187.

17　分析の詳細は以下のとおりである。大塚が集めたデータのうち慰謝料が認められたデータのみを電子化し、その悪質度合い、破壊度合い、結婚年数、不貞年数、子どもの数、共同不法行為（訴えた相手方が不貞相手か配偶者か）を変数として投入した。サンプルサイズは127である。共同不法行為はダミー変数として各独立変数との交互作用をとり検証したが、それぞれ有意ではなかった。

18　樫見由美子（1999）「夫婦の一方と不貞行為を行った第三者の他方配偶者に対する不法行為責任について――その果たした機能と今日的必要性の観点から」『金沢法学』41 (2): 139-180.　p. 147-148から引用。

19　樫見由美子（1999）「夫婦の一方と不貞行為を行った第三者の他方配偶者に対する不法行為責任について――その果たした機能と今日的必要性の観点から」『金沢法学』41 (2): 139-180.

黒田樹里（2005）「不貞行為と慰謝料――相手方に対する請求を中心に」『国士舘大学大学院法学研究科国士舘法研論集』6: 33-58.

20　日本帝国統計年鑑より、筆者計算。

21　瀧川幸辰（1952）「姦通と日本人」『婦人公論』418号（第38巻第３号）

22　樫見由美子（1999）「夫婦の一方と不貞行為を行った第三者の他方配偶者に対する不法行為責任について――その果たした機能と今日的必要性の観点から」『金沢法学』41 (2): 139-180.

黒田樹里（2005）「不貞行為と慰謝料――相手方に対する請求を中心に」『国士舘大学大学院法学研究科国士舘法研論集』6: 33-58.

23　第１回国会参議院司法委員会　第12号　昭和22年８月12日。このほかにも、姦通罪の申告が少ないという論点が出ており、ゆえに廃止すべきだという主張がある。当時の姦通罪は夫による親告制で、親告する人はほぼいなかったために件数が抑えられていた。しかし、廃止反対派は重婚の禁止を持ち出し、重婚をしている人が少ないからといって法による制限を取り払うわけにはいかないと論じている。

24　令和元年の消費者物価指数を102.3、1947年の消費者物価指数を5.4として計算。

25　松村眞一郎、第１回国会参議院本会議　第36号　昭和22年10月11日

26　同第11号　昭和22年８月11日

27　第１回国会参議院本会議　第36号　昭和22年10月11日

28　松波治郎　第１回国会参議院司法委員会　第12号　昭和22年８月12日

29　氏家幹人（2007）『不義密通――禁じられた恋の江戸』洋泉社

30　中元さおり（2012）「三島由紀夫「美徳のよろめき」論――〈よろめき〉ブームから読む」『広島大学大学院文学研究科論集』72: 93-110.

31　中元さおり（2012）「三島由紀夫「美徳のよろめき」論――〈よろめき〉ブームから読む」『広島大学大学院文学研究科論集』72: 93-110.

32　米川明彦（2002）『明治・大正・昭和の新語・流行語辞典』三省堂

33　末松謙澄（1913）『ユスチニアーヌス帝欽定羅馬法学提要』

34　小林栄子（1916）『尼になる迄』

35　田中茂穂（1908）『猿の話』

36　樋口紅陽（1916）『世の中見物』

註　記

まえがき

1　遠藤薫（2016）「間メディア民主主義と〈世論〉——2016年都知事選をめぐるスキャンダル・ポリティクス」『社会情報学』5 (1): 1-17.

第1章

1　もちろん、配偶者の単身赴任、あるいは別居婚をしている場合にはお互いが別居することに合意をしているとみなされる。
2　船谷明子・田中洋子・橋本和幸・高木秀明（2006）「大学生における浮気観と浮気・被浮気経験との関連」『横浜国立大学教育人間科学部紀要　教育科学』8: 99-117.
増田匡裕（1994）「恋愛関係における排他性の研究」『実験社会心理学研究』34: 164-182.
牧野幸志（2012）「青年期における恋愛と性行動に関する研究（3）大学生の浮気経験と浮気行動」『経営情報研究：摂南大学経営情報学部論集』19 (2): 19-36.
和田実（2019）「現代青年の異性間恋愛関係における浮気——性、浮気および恋愛に対する態度、浮気願望との関連」『応用心理学研究』44 (3): 171-182.
3　牧野幸志（2012）「青年期における恋愛と性行動に関する研究（3）大学生の浮気経験と浮気行動」『経営情報研究：摂南大学経営情報学部論集』19 (2): 19-36.
4　和田実（2019）「現代青年の異性間恋愛関係における浮気——性、浮気および恋愛に対する態度、浮気願望との関連」『応用心理学研究』44 (3): 171-182.
5　安西二郎（2008）「不貞慰謝料請求事件に関する実務上の諸問題」『判例タイムズ』1278: 45-64.
6　東京簡裁平成15年３月25日判決
7　東京地裁平成17年11月15日判決
8　最高裁平成８年３月26日判決
9　東京地裁平成26年４月14日判決
10　東京地裁平成27年７月27日判決
11　東京地裁平成21年３月11日判決
12　福岡地裁令和２年12月23日判決
13　名古屋地裁昭和47年２月29日判決
14　東京地裁令和3年2月16日判決
15　大塚正之（2022）『不貞行為に関する裁判例の分析——慰謝料算定上の諸問題』日本加除出版
16　前田達明（1985）『愛と家庭と——不貞行為に基づく損害賠償請求』成文堂
李憲（2017）「クラブのママやホステスがいわゆる『枕営業』として長期間にわたり顧客と性交渉を繰り返した行為が不法行為にあたらないとした事例——不貞行為の相手方に対する慰謝料請求の可否」『総合政策論叢』33: 99-115.
黒田樹里（2005）「不貞行為と慰謝料——相手方に対する請求を中心に」『国士舘大学大学院法学研究科国士舘法研論集』6: 33-58.

五十嵐 彰（いがらし・あきら）

1988年，北海道生まれ．東北大学大学院文学研究科行動科学専修博士課程修了．博士（文学）．立教大学社会情報教育研究センター助教などを経て，2021年より大阪大学大学院人間科学研究科講師，23年より同准教授．共著に『日本人は右傾化したのか』（勁草書房，2019年），『日本の移民統合』（明石書店，2021年）などがある．

迫田さやか（さこだ・さやか）

1986年，広島県生まれ．同志社大学大学院経済学研究科博士後期課程退学．博士（経済学）．フランス国立社会科学高等研究院客員研究員，京都大学大学院薬学研究科助教などを経て，2022年より同志社大学大学院経済学研究科准教授．橘木俊詔氏との共著に『夫婦格差社会』（中公新書，2013年），『離婚の経済学』（講談社現代新書，2020年）がある．

不倫《ふりん》――実証《じっしょう》分析《ぶんせき》が示《しめ》す全貌《ぜんぼう》

中公新書 2737

2023年1月25日発行

著者 五十嵐 彰
迫田さやか
発行者 安部順一

本文印刷 三晃印刷
カバー印刷 大熊整美堂
製本 小泉製本

発行所 中央公論新社
〒100-8152
東京都千代田区大手町 1-7-1
電話 販売 03-5299-1730
編集 03-5299-1830
URL https://www.chuko.co.jp/

Published by CHUOKORON-SHINSHA, INC.
Printed in Japan ISBN978-4-12-102737-5 C1236

中公新書刊行のことば

一九六二年一一月

いまからちょうど五世紀まえ、グーテンベルクが近代印刷術を発明したとき、書物の大量生産は潜在的可能性を獲得し、いまからちょうど一世紀まえ、世界のおもな文明国で義務教育制度が採用されたとき、書物の大量需要の潜在性が形成された。この二つの潜在性がはげしく現実化したのが現代である。

いまや、書物によって視野を拡大し、変りゆく世界に豊かに対応しようとする強い要求を私たちは抑えることができない。この要求にこたえる義務を、今日の書物は背負っている。だが、その義務は、たんに専門的知識の通俗化をはかることによって果たされるものでもなく、通俗的好奇心にうったえて、いたずらに発行部数の巨大さを誇ることによって果たされるものでもない。現代を真摯に生きようとする読者に、真に知るに価いする知識だけを選びだして提供すること、これが中公新書の最大の目標である。

私たちは、知識として錯覚しているものによってしばしば動かされ、裏切られる。私たちは、作為によってあたえられた知識のうえに生きることがあまりに多く、ゆるぎない事実を通して思索することがあまりにすくない。中公新書が、その一貫した特色として自らに課すものは、この事実のみの持つ無条件の説得力を発揮させることである。現代にあらたな意味を投げかけるべく待機している過去の歴史的事実もまた、中公新書によって数多く発掘されるであろう。

中公新書は、現代を自らの眼で見つめようとする、逞しい知的な読者の活力となることを欲している。

中公新書

経済・経営

g2

社会・生活